区域经济重点学科系列丛书
QuYu JingJi ZhongDian XueKe XiLie CongShu

主编 陈 凯

中国区域收入空间依赖变化研究

◎ 张方 陈凯 / 著

ZhongGuo QuYu ShouRu KongJian YiLai BianHua YanJiu

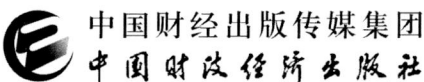

中国财经出版传媒集团
中国财政经济出版社

图书在版编目（CIP）数据

中国区域收入空间依赖变化研究/张方，陈凯著. —北京：中国财政经济出版社，2017.11

（区域经济重点学科系列丛书）

ISBN 978-7-5095-7701-1

Ⅰ.①中… Ⅱ.①张…②陈… Ⅲ.①收入差距-研究-中国 Ⅳ.①F124.7

中国版本图书馆 CIP 数据核字（2017）第 206991 号

责任编辑：彭　波　段　钢　　　责任印制：杨　军
美　　编：孙俪铭　　　　　　　责任校对：胡永立

中国财政经济出版社 出版

URL: http://www.cfeph.cn

E-mail: cfeph@cfeph.cn

（版权所有　翻印必究）

社址：北京市海淀区阜成路甲 28 号　邮政编码：100142

营销中心电话：88190406　北京财经书店电话：64033436　84041336

北京财经印刷厂印刷　各地新华书店经销

710×1000 毫米　16 开　10 印张　200 000 字

2017 年 9 月第 1 版　2017 年 9 月北京第 1 次印刷

定价：58.00 元

ISBN 978-7-5095-7701-1

（图书出现印装问题，本社负责调换）

本社质量投诉电话：010-88190744

打击盗版举报热线：010-88190492、QQ：634579818

区域经济重点学科系列丛书
QuYu JingJi ZhongDian XueKe XiLie CongShu

主编：陈　凯

编委：（以姓氏笔画为序）

王艳霞　史红亮　田静毅　刘玉川　初钊鹏

张　伟　张丽峰　张志宇　张晓飞　李　刚

周立斌　庞卫宏　郑　畅　贾卫萍　曹　勇

区域经济重点学科系列丛书简介

改革开放以来，我国打开了对外封闭的大门，大踏步地走向与世界经济、社会、文化融合之路，逐步树立了文明大国的良好形象。随着经济快速发展及对外贸易、文化交往和学术交流的不断深入，我国城乡、各区域，以及国际一体化逐步提高。同时，城乡和各区域间差异也在逐渐增加，各种国际贸易摩擦、异域文化思想冲突和不同学术观点争辩的现象日益增多。如何正确把握当今世界各种成分、多元文化和不同学术流派相互竞争、互相汲取融合的境遇，缩小城乡和区域间差异，促进其一体化进程，成为我们亟待解决的问题。为此区域经济系列丛书精心设计，从三个方面努力完成这一重大课题。

一、区域经济理论融合创新

区域经济理论创新不是寻找一种新理论取代旧理论，而是以一种包容性更大的理论方法体系将旧理论方法兼容升级。陈凯撰写的《中国区域经济理论》和《城乡资源整合论》将现有区域经济管理科学放在包容性更大的新理论体系中，该理论体系将中国传统经济管理理论、马克思主义管理理论和现代西方经济管理理论融会贯通。在新创立的区域经济管理科学原理中，正确地显示经济社会协调发展规律，准确地衡量所有的要素、结构和发展模式的性质与数量差异及其变动原因，适时地将原理体现在实际操作方式上。采取旧理论系统梳理——新理论体系创立——原理实证条理化的研究方案。以《易传》的理论方法为框架，融合各种原理和方法。宏观经济分析从模式到结构再到要素，微观经济分析从要素到结构再到模式。研究定位以道统阴阳平衡机制为主线，演绎和实证相结合，在现代经济学基础上，推导演化区域生产、消费、贸易、分配、货币、财政、金融、投资、股票、证券、期货、保险、价格、利率、汇率、税率、企业治理、制度与政策等均衡法则。

二、区域经济实证研究

任何理论都是在人类经济社会发展推动下自身矛盾思变创新中产生和形成的。区域经济理论发展的前提是区域经济实践。区域经济实证分析既是区域经济理论发展的基础,也是区域经济实践的指导。

"珠三角"、"长三角"和"京津冀"区域是中国最具发展潜力的都市圈,但"京津冀"区域经济发展绩效和理论研究明显落后,而且京津两大核心城市与周边地区在发展上相互脱节,彼此间的空间联系松散,一体化更显不足。刘玉川的《京津冀区域经济一体化研究》填补了"京津冀"区域经济一体化研究的某些缺憾。

我国是钢铁生产和消费大国,1978~2008年我国粗钢产量年均增长率为9.7%。中国钢铁产量的迅速增长伴随着极高的能源消耗。2005~2008年,钢铁业能源消费量分别为3.69亿、4.24亿、4.78亿、5.15亿吨标准煤,分别占据当年工业能源消费量的24.6%、25.8%、25.1%、26.1%。研究钢铁行业能源效率问题对我国整体能源效率的提高具有现实意义。史红亮和陈凯的《中国钢铁业能源效率研究》是对能效研究领域的深化和补充。通过各种软件包(如Eviews、Deap和Frontier等)的使用,各种具体分解模型、超越对数生产函数模型和向量误差修正模型的应用及检验,得出了一些有意义的结论。

区域品牌的深入研究对我国地区老字号品牌的复兴和地区经济产业集群化发展有重要的现实意义。现有的国内外区域品牌研究主要从国家、城市、区域和产业集群四个层次展开。研究的内容主要集中于区域品牌结构、区域品牌模型、区域品牌管理战略和沟通策略。张晓飞的《区域品牌营销管理——基于中华老字号品牌的研究》将区域品牌的研究角度转向目标市场和消费者,结合中国现状,重点关注中华老字号品牌的产业化复兴和老字号品牌的网络传播机制,特别聚焦于老字号区域品牌的网络传播以及老字号品牌的保护与开发。把中华老字号品牌面临的现实问题与网络传播理论密切结合,在研究中综合利用数据挖掘、网络实验和问卷调查等方法,得出能解决"老"问题的"新"理论。

在此丛书系列中,每本书都进行了不同程度的实证分析,可圈可点,相信读者看后会有耳目一新之感。

三、区域经济发展新动向

低碳经济是区域经济发展的新方向。区域低碳经济研究是系列丛书的重点内容。

2009年,我国政府承诺减少碳排放目标,到2020年单位GDP二氧化碳排放量比2005年减少40%~45%,考虑到我国目前的经济发展水平,减排应是在保证经济增长前提下的减排,而不是绝对量的减少,因此,这个目标的实现依赖于经济增长和碳排放两个方面。在具体执行过程中,各个地区、各个产业是具体的载体,碳生产率把经济增长和碳排放很好地结合在一起,加强对碳生产率的研

区域经济重点学科系列丛书简介

究,对于我国 2020 年碳排放目标的实现与分解,对于各地区经济增长方式的根本转变、产业结构的优化升级以及"两型"社会的构建具有重要的现实意义。张丽峰的《气候变化背景下碳生产率研究》以经济增长理论、资源与环境经济学、能源经济学、计量经济学和区域经济学的学科理论为基础,从单要素和全要素两个方面,从理论上运用统计指标方法、参数和非参数方法对碳生产率进行了测度,从区域和产业方面进行了实证分析和比较,最后提出了减排对策。该书的研究思路、方法和结论不仅为具体的决策部门(国家发改委等)提供了决策的思路、方法和依据,同时也为其他类似问题的研究提供了借鉴和参考。

李刚的《区域低碳经济评价理论、方法及应用》:一是对区域低碳经济进行了分析,并在此基础上构建了区域低碳经济评价指标体系;二是就低碳经济评价方法进行了研究,构建了基于 Gi 主观赋权的低碳经济综合评价模型、基于熵权法的客观赋权的低碳经济综合评价模型、基于循环修正思路的低碳综合评价模型;三是根据上述模型以秦皇岛市为例进行低碳经济的实证研究,并根据评价结果给出相应的政策和建议。

陈凯的《能源环境政策理论基础》从区域整体角度研究了低碳经济发展问题。指出能源与环境是区域经济可持续发展和社会安全和谐的前提。能源与环境政策则是其正常运行的基本保证。该书系统地介绍了能源环境安全与可持续和谐发展的条件及运行操作要领。详细分解了能源环境政策理论基础中的替代和外部性内在化等基本原理、模型和评价指标体系。

区域经济重点学科系列丛书传承发展中国传统学术,吸收消化马克思主义区域经济理论和现代西方区域经济理论,在融会贯通三大理论体系的基础上,注重区域经济实证研究,突出区域经济发展新方向,建立中国大国区域经济理论。虽然距完整的中国大国区域经济理论体系相差甚远,但我们已经起步,纵有千难万险,我们披荆斩棘,在所不辞。恳请广大读者对丛书多提宝贵意见,我们会虚心接受并不断修改完善。

区域经济重点学科系列丛书主编

陈凯

2011 年 8 月 15 日

前　言

经济地理意义上的边缘性对区域收入增长的制约长期被政府和学者广泛关注。改革开放以来，伴随着中国经济的快速增长，中国自东部向中西部形成了新经济地理学意义上的"核心—边缘"空间经济结构，且区域收入差距不断扩大。对自身劣势经济地理因素的依赖形成了边缘地区收入增长的长期制约，且这种依赖作用在一定时期内不断加强，被学者们称为"距离的诅咒"效应。近二十年来，中国政府为缩小区域收入差距而实施了多项区域经济战略，以基础设施建设为主的生产性公共支出不断地向边缘地区倾斜，这种倾斜性经济政策减轻了边缘地区收入对其劣势经济地理因素的依赖，从而减弱了"距离的诅咒"效应，并在一定程度上改变了中国所有地区收入的空间依赖。在此背景下，本书基于新经济地理学理论和空间计量经济学理论对中国区域收入空间依赖的变化进行研究。

本书首先介绍区域收入空间依赖的理论发展，分别总结新经济地理学理论和空间计量经济学理论在实证研究和理论研究上的优点与局限性，提出一种结合两种理论对中国区域收入空间依赖的研究路径，进而从中国区域收入空间依赖的存在性、变化趋势和变化原因三个方面开展以下研究工作：

（1）在检验出新经济地理学工资方程的误差项存在空间自相关的前提下，把新经济地理学工资方程和空间误差模型联立为空间联合模型，在同时考虑区域收入及误差项空间自相关的情况下，对中国区域收入空间依赖进行再检验。检验结果验证了中国区域收入空间依赖的存在，避免了以往研究在工资方程估计过程中由未考虑误差项空间自相关而造成的有偏且非有效的区域收入空间依赖估计结果。

(2) 使用中国 1996~2015 年的省级层面数据，对新经济地理学工资方程进行逐年回归，得到在此期间中国区域收入空间依赖的变化趋势。通过分析该变化趋势发现，中国的区域收入空间依赖由 2006 年之前的增强趋势转变为 2006 年之后的减弱趋势，该转折点和中国区域经济战略的实施背景在时间上具有一致性。进一步对子样本的区域收入空间依赖变化进行趋势分析，结果显示，中西部边缘地区收入空间依赖随着区域经济战略的实施出现更为明显的减弱趋势，表明中西部边缘地区在 2006 年之后开始脱离"距离的诅咒"。

(3) 从政府对中国中西部边缘地区倾斜的生产性公共支出政策出发，在新经济地理学一般均衡框架的基础上引入生产性公共支出和政府行为，建立一个改进的新经济地理学模型，用该模型模拟现实经济中区域生产性公共支出政策倾斜对区域收入空间依赖的影响，并使用经验数据对模拟结果进行验证。由数值模拟和经验分析结果可知，区域生产性公共支出分别通过边际效应和外部性对本地收入及其他地区收入产生不同程度的冲击，进而在一定的区域内部市场潜力和外部市场潜力比例的前提下改变区域收入空间依赖。

作 者
2017 年 6 月

目　　录

第1章　绪论 ··· 1

  1.1　研究背景 ··· 1
  1.2　问题的提出 ·· 2
  1.3　研究目标 ··· 4
  1.4　研究思路 ··· 5
  1.5　研究方法 ··· 7
  1.6　主要创新点 ·· 7
  1.7　章节安排 ··· 8

第2章　文献综述 ··· 10

  2.1　《管子》等古籍的区域收入空间依赖思想 ·························· 10
    2.1.1　区域收入差距收敛说 ··· 10
    2.1.2　区域收入差异动因论 ··· 11
    2.1.3　区域收入差异调控 ·· 12
  2.2　西方区域收入空间依赖研究的理论发展 ·························· 12
    2.2.1　古典区位论中的距离和运输成本 ························· 13
    2.2.2　新古典区位论中的不完全竞争模型 ····················· 14
    2.2.3　新经济地理学对空间依赖的推导 ························· 15
    2.2.4　空间计量经济学对空间依赖的侦测和获取 ············ 16
    2.2.5　经济理论中的空间依赖研究比较与整合 ··············· 18
  2.3　区域收入空间依赖的变化趋势和机制研究综述 ·················· 19
    2.3.1　贸易理论中的不完全空间依赖 ··························· 19

2.3.2 "距离之谜"与"距离的诅咒" ·················· 19
2.3.3 区域收入空间依赖变化机制研究综述 ·············· 21
2.4 已有研究的主要贡献、不足与启示 ··················· 22
2.4.1 主要贡献 ······························ 23
2.4.2 不足之处 ······························ 24
2.4.3 对本研究的启示 ·························· 25
2.5 本章小结 ·································· 26

第3章 理论基础 ·································· 27
3.1 新经济地理学 ······························ 27
3.1.1 新经济地理学两部门的假设及延伸 ·············· 27
3.1.2 消费者行为与市场潜力的设定 ················· 28
3.1.3 生产者行为与工资方程 ····················· 32
3.1.4 均衡的确定 ···························· 35
3.1.5 新经济地理学模型的扩展 ···················· 35
3.2 空间计量经济学 ····························· 37
3.2.1 空间经济数据和空间权重矩阵 ················· 38
3.2.2 空间自相关和空间依赖 ····················· 39
3.2.3 空间计量模型 ··························· 41
3.3 区域收入和空间依赖的概念界定 ··················· 43
3.3.1 两种理论框架的局限性 ····················· 44
3.3.2 区域收入的变量形式及指标选取 ················ 44
3.3.3 区域收入的产业部门跨度规范 ················· 46
3.3.4 空间依赖的内涵与规范 ····················· 52
3.4 本章小结 ·································· 53

第4章 中国区域收入空间依赖的再检验 ·················· 54
4.1 理论背景 ·································· 54
4.1.1 区域收入空间依赖的两种获取路径研究回顾 ········· 54
4.1.2 两种路径对比与整合的意义 ··················· 55
4.1.3 需要解决的问题 ·························· 56

目 录

- 4.2 实证模型的构建 ··· 56
  - 4.2.1 Harris 的市场潜力模型 ··· 56
  - 4.2.2 Krugman 工资方程 ··· 57
  - 4.2.3 空间联合模型 ··· 58
  - 4.2.4 实证模型的规范 ·· 59
- 4.3 不同解释变量的区别与规范：市场潜力和其他空间滞后变量 ············ 61
  - 4.3.1 不同空间滞后权重对解释变量构建的影响 ························· 61
  - 4.3.2 "对数值的空间滞后项"与"空间滞后项的对数值"问题 ············ 64
- 4.4 中国的空间经济模式及空间自相关检验 ································ 66
- 4.5 计量结果与稳健性检验 ·· 69
  - 4.5.1 普通最小二乘估计结果 ·· 70
  - 4.5.2 LM 检验和 RLM 检验 ·· 71
  - 4.5.3 极大似然估计结果 ·· 71
  - 4.5.4 稳健性检验 ··· 73
- 4.6 本章小结 ·· 76

第5章 中国区域收入空间依赖的变化趋势 ·························· 78

- 5.1 理论背景 ·· 78
  - 5.1.1 "距离的诅咒"的提出及其在中国现实经济中的发展 ··············· 78
  - 5.1.2 相关实证研究路径的回顾 ·· 79
  - 5.1.3 需要解决的问题 ·· 80
- 5.2 模型设定 ·· 81
  - 5.2.1 理论模型 ··· 81
  - 5.2.2 实证模型 ··· 82
- 5.3 数据来源与处理 ·· 83
  - 5.3.1 市场潜力变量的选择 ·· 83
  - 5.3.2 内部市场潜力的处理 ·· 84
- 5.4 描述性统计与中国区域收入的"核心—边缘"空间模式 ················ 85
  - 5.4.1 描述性统计 ··· 85
  - 5.4.2 中国区域收入的"核心—边缘"空间模式 ························· 86
- 5.5 基准回归 ·· 88
  - 5.5.1 混合最小二乘回归 ·· 88

  5.5.2 工具变量回归 ································· 90
 5.6 中国区域收入空间依赖变化趋势测度 ······················ 94
  5.6.1 中国区域收入历年 Moran's I 的计算 ················ 94
  5.6.2 中国区域收入对市场潜力历年截面弹性的估计 ········ 95
  5.6.3 稳健性检验 ···································· 97
 5.7 本章小结 ·· 98

第6章 生产性公共支出与区域收入空间依赖变化 ············ 100
 6.1 理论背景 ·· 100
  6.1.1 中国的倾斜性区域经济政策与区域收入空间依赖 ······ 100
  6.1.2 引入生产性公共支出时需要考虑的问题 ············· 101
  6.1.3 新经济地理学模型与政府行为 ····················· 102
 6.2 一个改进的新经济地理学模型 ·························· 103
  6.2.1 生产者行为 ···································· 103
  6.2.2 政府行为 ······································ 105
  6.2.3 消费者行为 ···································· 105
  6.2.4 均衡条件 ······································ 106
  6.2.5 求解过程 ······································ 107
 6.3 模型校准 ·· 108
  6.3.1 区域间同质性参数校准 ·························· 108
  6.3.2 区域间异质性参数校准 ·························· 109
 6.4 数值模拟 ·· 111
  6.4.1 生产性公共支出的边际效应 ······················ 112
  6.4.2 生产性公共支出的空间外部性 ···················· 114
  6.4.3 调节生产性公共支出区域分布的影响 ·············· 116
 6.5 经验分析 ·· 119
  6.5.1 实证模型设定与估计方法选择 ···················· 119
  6.5.2 计量结果与讨论 ································ 120
 6.6 本章小结 ·· 122

目　录

第7章　结论与启示 ································· 124
- 7.1　结论 ······································· 124
- 7.2　启示 ······································· 125
- 7.3　本研究的局限与后续研究展望 ······················ 126

参考文献 ··· 128

第1章

绪 论

经济地理意义上的边缘性（peripherality）对区域收入增长的制约在近数十年来被政府和学术界广泛关注。在农业—手工业经济时期，人类社会以自给自足的自然经济模式为主，较少发生区域间贸易。而人类社会经济模式发展到工业经济后，随着区域间贸易规模的扩大，区域间的经济联系开始快速增强，并导致一定的空间经济格局的形成，经济活动的空间依赖（spatial dependence）进入学者的研究视野。在较小地理范围上，这种空间依赖是对结合空间因素和经济因素的区位因素的依赖；在较大地理范围上，这种空间依赖也并非单纯对地理因素的依赖，而是对经济地理因素的依赖。在空间经济格局中，一些地区由于经济地理因素的相对劣势而具有较低的区域收入，对这些地区而言空间依赖成为一种收入增长的约束。由于地理因素是无法改变的外生因素，而一个地区也难以较大限度地左右其他地区的经济规模来改变其经济地理因素，对于经济地理意义上的边缘地区而言，扩大本地市场规模、减轻对不利的经济地理因素的依赖是改变其区域收入落后地位的根本途径。

1.1 研究背景

改革开放以来，中国的基础设施建设得到明显改善，区域间贸易规模在此基础上快速扩大，区域间的经济联系因此不断加强。然而按照中国国家统计局网站公布的数据计算，中国东部地区基础设施建设一直领先于中西部地区，并带动大量资本、劳动等生产要素从中西部地区转移到东部地区，使东部地区成为中国的经济中心；而中西部地区基础设施匮乏，且地理位置距东部核心市场相对较远，地区内部市场和地区外部市场均对其经济发展影响较弱，使其成为经济地理意义上的边缘地区。这种边缘性对中西部地区经济发展产生严重阻碍，并导致近二十年来中国的区域收入差距不断扩大。

Fujita 等（1999）建立的新经济地理学理论解释了区域经济在空间依赖作用下形成的"核心—边缘"空间经济模式。基于新经济地理学框架，Fujita 和 Dapeng（2001）、Zhao 等（2011）的研究认为，中国区域收入自东部向中西部梯级递减的分布模式符合新经济地理学意义上的"核心—边缘"模式。在新经济地理学模型中，代表一个地区经济地理因素的变量是市场准入（market access），用市场潜力（market potential）指标来衡量，区域收入空间依赖体现为对市场潜力的依赖。刘修岩等（2007）、范剑勇和张雁（2009）、许政等（2010）、许德友和梁琦（2012）、刘修岩和宋萍（2015）认为中国的区域收入对市场潜力具有显著的依赖，这种空间依赖是中国东部和中西部收入差距以及"核心—边缘"空间经济模式形成的主要原因。

为缩小区域收入差距，我国自 1999 年开始陆续实施了西部大开发、东北振兴、中部崛起以及"一带一路"建设等经济战略，通过公共支出和税收优惠等区域倾斜性财政政策推动中西部地区经济发展。《中华人民共和国国民经济和社会发展第十三个五年规划纲要》提出"深入实施西部开发、东北振兴、中部崛起和东部率先的区域发展总体战略，创新区域发展政策，完善区域发展机制，促进区域协调、协同、共同发展，努力缩小区域发展差距"，并指出"把深入实施西部大开发战略放在优先位置，更好发挥'一带一路'建设对西部大开发的带动作用"。

相对于以创新驱动发展转型和产业升级为主的东部率先发展战略、以结构调整和产业转型升级为主的东北振兴战略，西部大开发、中部崛起和"一带一路"建设等战略以提高基础设施建设水平为主要内容。而基础设施建设支出来源于政府的生产性公共支出。我国对西部地区的实际生产性公共支出在 1996~2015 年增速平均值为 17.12%，高于中部地区的 16.09% 和东部地区的 15.59%[①]，在增长率上明显体现出向中西部地区的倾斜。这种区域倾斜性经济政策不仅对中西部地区市场规模产生直接冲击，还在一定程度上改变着区域间的经济联系，进而对中国区域收入空间依赖产生显著影响。在这种背景下，中国区域收入空间依赖的变化有待深入研究。

1.2
问题的提出

Harris（1954）把区域收入所依赖的市场潜力设定为所有地区购买力的加权

---

① 根据历年中国统计年鉴数据计算得出，生产性公共支出的具体衡量指标参见 4.2.4 小节。

第1章 绪 论

平均数;Fujita 等 (1999) 用坚实的微观基础为这种设定提供了理论支撑,并推导出反映区域收入与市场潜力依赖关系的新经济地理学工资方程。由于市场潜力在一定意义上等价于区域收入的空间滞后项,新经济地理学工资方程在一定意义上也类似于空间滞后模型。吴玉鸣 (2006)、张晓旭和冯宗宪 (2008)、张伟丽等 (2011)、潘文卿 (2012)、李敬等 (2014)、陈创练等 (2017) 均使用空间滞后模型检验出中国区域收入存在空间依赖。基于新经济地理学和基于空间计量经济学得到区域收入存在空间依赖的结论在一定程度上具有一致性,但是,空间计量经济学没有像新经济地理学一样为区域收入空间依赖的来源提供坚实的微观理论基础,也没有进一步分析在空间依赖作用下中国东部和中西部的收入差距以及"核心—边缘"空间经济模式的形成与维持机制;新经济地理学由于具有较多理论束缚而在实证研究方面的表现不如空间计量经济学。因此,新经济地理学和空间计量经济学在用于区域收入空间依赖分析时各有优缺点。

基于空间数据进行实证研究时,需要考虑被解释变量及误差项空间自相关的影响。在新经济地理学工资方程实证研究中,市场潜力的系数可在一定意义上获取被解释变量的空间依赖,但是工资方程的误差项可能也存在空间自相关,造成普通最小二乘估计结果是有偏且非有效的。如果工资方程的误差项也存在空间自相关,那么在新经济地理学工资方程的估计过程中,需要同时考虑市场潜力与误差项这两种类型的空间自相关。其中,误差项的空间自相关是被多数基于新经济地理学工资方程的实证研究忽视的问题。为保证区域收入空间依赖检验结果的无偏性和有效性,需要对工资方程误差项的空间自相关进行检验,若检验出其显著存在,则有必要在将其纳入考量的情况下对中国区域收入空间依赖进行再检验。

在新经济地理学工资方程中,区域收入所依赖的市场潜力包含区域经济规模和以地理距离反映的空间位置两方面因素。核心地区的收入增长得益于其较高的市场潜力,而具有较低市场潜力的边缘地区相应具有较低的收入。在规模报酬递增的作用下,边缘地区受制于无法改变的距核心地区的地理距离而与核心地区的收入差距越来越大,导致边缘地区的外部市场规模相对扩大,边缘地区收入的空间依赖也随之加强。Boulhol 和 De Serres (2010) 把边缘地区收入对自身经济地理因素依赖越来越强的现象称为"距离的诅咒"效应。已有研究认为经济集聚形成的"核心—边缘"空间经济模式存在于中国,那么"距离的诅咒"效应是否也同样存在于中国?新经济地理学模型中运输成本和商品替代弹性等外生变量的变化,会改变经济集聚和经济扩散之间的平衡,引起经济动态过程发生质变。近年来,政府实施各项区域经济战略来缩小中国东部和中西部区域收入不平衡和实现区域协调发展,在这种政策背景下,中国区域收入空间依赖发生了什么变化？如果中国区域收入存在"距离的诅咒"，这种效应在近年来是否得到缓解？对这些问题的研究可以得到"距离的诅咒"在中国的存在证据及发展趋势，为中国区域经济战略实施成效提供证据。

区域收入的空间依赖建立在区域间贸易的基础上，而基础设施水平直接影响到区域间贸易成本，进而对区域间贸易规模及区域收入空间分布产生重要影响。作为生产性公共支出的主要用途，基础设施建设对区域经济增长起到直接促进作用，然而韩仁月和常世旺（2010）、陈碧琼等（2013）、张方和陈凯（2016）、范欣等（2017）的实证研究表明，生产性公共支出对支出目标地区以外的地区收入表现出一定的负外部性。在中国政府实施的西部大开发、东北振兴、中部崛起以及"一带一路"建设等区域经济战略背景下，向中西部地区倾斜的生产性公共支出对东部地区收入产生何种程度的外部性？区域生产性公共支出的直接作用和外部性如何影响支出目标地区及其他地区的收入，进而影响区域收入空间依赖？对这些问题的研究有助于探寻边缘地区收入对自身劣势经济地理要素依赖的减弱路径，并且有助于全面评估中国区域经济战略实施效果。

1.3 研究目标

针对需要研究的问题，确定本书的总体研究目的为：对中国区域收入的空间依赖进行再检验，获取中国区域收入空间依赖的变化趋势，研究向边缘地区倾斜的生产性公共支出政策对中国区域收入空间依赖的作用机制。具体的研究目标如下：

（1）检验新经济地理学工资方程误差项的空间自相关，如果其存在则将其纳入考量，对中国区域收入空间依赖进行再检验。总结新经济地理学和空间计量经济学中关于区域收入空间依赖研究方法与结论的一致性与差异性，并分别找出基于两种理论对于区域收入空间依赖的研究的优势与局限性，在此基础上探寻结合两种理论对区域收入空间依赖的研究路径。基于中国区域经济数据，使用探索性空间数据分析方法检验新经济地理学工资方程误差项的空间自相关。在同时考虑被解释变量空间自相关和误差项空间自相关的情况下，应用新经济地理学工资方程和空间滞后模型相结合的空间联合模型，对中国区域收入的空间依赖进行再检验，获取中国区域收入空间依赖的存在性证据，并分析不同空间权重矩阵和解释变量构造方法对该结论稳健性的影响。

（2）获取区域经济战略背景下中国区域收入空间依赖的变化趋势。选取中

第1章 绪　论

国实施区域经济战略前后20年为样本期，分析在此期间中国区域收入空间依赖的变化趋势，即区域收入对市场潜力的依赖如何随着时间的推移而变化，并分别对边缘地区、核心地区、较发达地区和较不发达地区等子样本进行新经济地理学工资方程的回归，作为中国区域收入空间依赖变化趋势的空间分解以及稳健性检验方法，可以获取中国边缘地区收入空间依赖的变化趋势，从而验证"距离的诅咒"效应在中国的存在性并分析其发展趋势。

（3）解释生产性公共支出的区域倾斜对中国区域收入空间依赖的影响机制。在考虑基础设施外部性的前提下，把生产性公共支出和政府行为引入新经济地理模型，在包含税收扭曲的情况下求解一般均衡。把研究目标区域作为参照区，其他地区作为外部区，结合中国的区域经济战略背景，模拟分析生产性公共支出的区域倾斜如何作用于参照区和外部区的收入，进而影响区域收入的空间依赖。进一步采用一种新工资方程的实证形式进行经验分析，验证中国生产性公共支出的外部性，并结合边缘地区和核心地区各自的内部市场潜力与外部市场潜力所占比重，分析这种外部性对于区域收入空间依赖的影响。

1.4　研究思路

为了实现前述研究目标，本书按照如下的基本思路展开研究工作：

（1）针对区域收入空间依赖的研究背景、中国区域发展不平衡的现状以及近年来政府为协调区域发展所实施的区域经济战略背景，按照逻辑顺序提出本书研究的三个问题，依次针对这些问题提出本书的三个研究目标，根据这三个研究目标确定三方面主要研究内容。

（2）进行相关研究文献综述。阐述区域收入空间依赖概念的确立与理论基础的形成与发展；对近年来分别基于新经济地理学和空间计量经济学理论实证检验区域收入空间依赖存在性的文献进行总结，对基于新经济地理学研究区域收入空间依赖变化并检验"距离的诅咒"效应的文献进行梳理，并对贸易理论文献中对不完全空间依赖变化的研究成果进行总结与借鉴。

（3）介绍作为本书理论基础的新经济地理学基本理论和空间计量经济学基本理论，比较两种理论在理论研究和实证研究上各自具有的优点与局限，提出结合两种理论对中国区域收入空间依赖进行分析的必要性，同时基于更有利于实证研究结果获取及经济意义解释的目的，从产业跨度对本书中的区域收入有关概念的定义进行规范。

（4）在同时考虑被解释变量和误差项空间自相关的情况下对中国区域收入空间依赖进行再检验。针对以往新经济地理学工资方程研究中只考虑被解释变量空间自相关的现状，在验证新经济地理学工资方程误差项存在空间自相关的前提下将其纳入考量，对中国区域收入空间依赖进行再检验。

（5）在验证中国区域收入空间依赖存在的基础上，先检验1996~2015年历年的区域收入空间自相关，再用中国的区域收入对市场潜力进行逐年回归，得到1996~2015年中国历年的区域收入空间依赖估计值，形成该时期内中国区域收入空间依赖变化趋势。分别使用边缘地区、核心地区、较发达地区、较不发达地区等子样本进行稳健性检验，得到子样本区域收入空间依赖变化趋势，并从时间维度上分析这种变化趋势和中国区域经济战略实施背景的一致性。

（6）在分析中国区域经济战略中的生产性公共支出政策在空间上的倾斜性的基础上，向新经济地理学一般均衡框架内引入资本和政府行为，建立改进的新经济地理学模型，根据中国现实经济数据校准模型，模拟生产性公共支出的区域倾斜对区域收入空间依赖的冲击，分析生产性公共支出的区域倾斜对区域收入空间依赖的作用机制，并使用经验数据对这种机制进行实证检验。

以上研究思路可用如图1.1所示的关系图来表示。

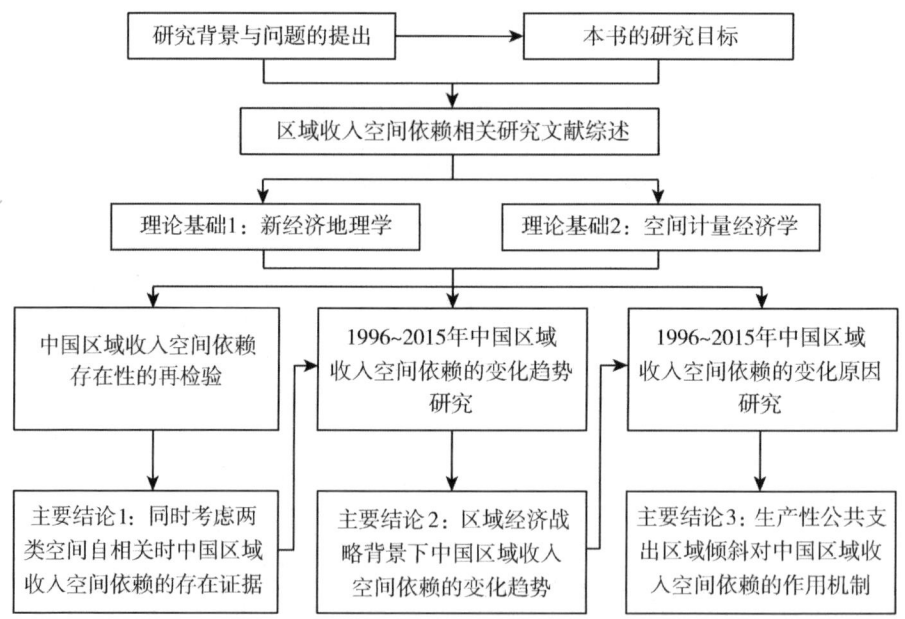

图1.1 本书的研究思路

第1章 绪 论

1.5 研究方法

在本书的研究工作中,针对不同的研究内容将采用不同的研究方法。本书采用的研究方法主要包括文献研究法、探索性空间数据分析法、回归分析法和动态一般均衡分析法。

首先,使用文献研究法分析区域收入空间依赖概念的发展历史,比较新经济地理学理论和空间计量经济学理论分别用于理论研究和实证研究时的优点与局限。

其次,使用探索性空间数据分析法检验新经济地理学工资方程误差项的空间自相关。

再次,使用回归分析法在考虑误差项空间自相关的情况下估计中国区域收入空间依赖,并对中国区域收入的空间依赖进行逐年回归,以获取其变化趋势。

最后,使用动态一般均衡分析法,模拟分析区域生产性公共支出对中国区域收入空间依赖的作用机制,并使用回归分析法进行经验分析。

考虑到经济活动空间依赖研究视角以空间视角为基础,本书的探索性空间数据分析和回归分析主要采用截面数据和面板数据。在检验中国区域收入空间依赖时,使用31个省级行政区域(不包括港澳台,下同)2012年的截面数据,并使用2014年的截面数据进行稳健性检验;在分析中国区域收入空间依赖变化趋势及变化原因时,使用31个省级行政区域1996~2015年的面板数据。使用整理自历年《中国统计年鉴》、《中国固定资产投资年鉴》、各省、自治区和直辖市统计年鉴和中国统计局网站公布的中国各省级行政区经济数据,作为实证研究的样本数据。

1.6 主要创新点

在本书具体研究工作中,主要有两个实证研究上的创新点和一个理论研究上的创新点:

(1)在同时考虑被解释变量和误差项空间自相关的情况下检验中国区域收入空间依赖的存在性。以往关于区域收入空间依赖的实证研究关注了实证模型的内生性，即解释变量与误差项的相关性，而忽视了误差项中存在的空间自相关。实际上，在区域收入空间依赖研究中，市场潜力或空间滞后项所获取的空间自相关并不充分，而有一部分空间自相关由误差项来获取。本书通过把工资方程和空间误差模型联立为空间联合模型，研究了同时考虑两种不同形式的空间依赖时中国的工资方程估计结果的特征，强调了市场潜力可以看作是被解释变量的空间滞后项，并且分析了市场潜力和其他不同形式空间滞后项的相似和不同之处，实现了新经济地理学和空间计量经济学在一定意义上的整合，在此基础上检验出中国区域收入空间依赖更具稳健性和说服力。

（2）在同类文献中首次从时间维度考察中国区域收入空间依赖的变化趋势。新经济地理学基准模型的分析框架为静态一般均衡框架，区域收入空间依赖表现为市场潜力的系数，其动态变化并未引起广泛关注。在贸易理论学者关于贸易距离弹性变化研究的启示下，新经济地理学者开始关注区域收入空间依赖的变化，并在对欧洲经济地理变化研究的基础上提出"距离的诅咒"。而国内学者们亦在未考虑误差项空间自相关的情况下验证了中国区域收入空间依赖的存在，而并未进一步考察其变化趋势。本书关注了中国区域收入空间依赖在时间维度上发生的变化，这种变化意味着区域发展平衡性的变化，甚至影响到空间经济分布格局。

（3）通过把异质性区域技术内生化为具有外部性的基础设施，向新经济地理学模型引入生产性公共支出和政府行为。新经济地理理论模型缺少了传统的一般均衡分析中对政府主体行为的考察，而中国近年来的宏观经济实践中，政府的区域经济战略对中国空间经济结构发展起到主导作用。因此，本书结合中国区域经济战略的背景，使用动态一般均衡框架，向生产函数中引入具有外部性的基础设施，并相应地引入生产性公共支出和政府行为，建立了一个改进的新经济地理学模型，来模拟生产性公共支出对区域收入空间依赖的作用机制并进行经验分析。相对于新经济地理学基准模型和现有的衍生模型，引入生产性公共支出和政府行为的新经济地理模型更适用于中国的区域经济战略背景。

1.7 章节安排

本书共由7章组成，具体安排如下：

第1章为绪论。介绍选题的背景，提出研究问题，明确研究目的，设计研究思路和研究方法。

第1章 绪 论

第2章为文献综述。介绍相关理论的发展历史及研究现状,梳理现有研究的成果,提出现有研究的不足。

第3章为理论基础。阐述本书研究所使用的基本理论,界定和规范本书研究中的区域收入概念。

第4章为中国区域收入空间依赖的再检验。比较与整合新经济地理学和空间计量经济学两种研究路径,建立包含工资方程的空间联合模型,检验新经济地理学工资方程误差项的空间自相关,在考虑这种空间自相关的情况下估计中国区域收入空间依赖,检验中国区域收入空间依赖存在性结论对变量具体构造和估计方法的敏感性。

第5章为中国区域收入空间依赖的变化趋势研究。在验证中国区域收入空间依赖存在的基础上,使用近年来的区域经济数据对中国的工资方程进行逐年回归,得到历年中国区域收入空间依赖,分析中国区域收入空间依赖在近年来发生的变化。

第6章为生产性公共支出与中国区域收入空间依赖变化。在获取近年来中国区域收入空间依赖变化趋势的基础上,结合中国的区域经济战略背景,对新经济地理学工资方程加以改进,模拟分析生产性公共支出区域倾斜与中国区域收入空间依赖的作用机制并进行经验分析。

第7章为结论与启示。概括本书的主要研究结论与启示,提出本书研究工作的局限性及后续研究工作展望。

第 2 章

文献综述

中国东部与中西部的区域收入差距在改革开放之后不断扩大，区域收入对经济地理要素的依赖引起了政府和学者的广泛重视。近年来，中国政府实施了多种措施来缓解这种经济地理意义上的边缘性对中西部地区收入的影响。学者们在不断探求区域收入空间依赖来源的同时，也对政府政策造成区域收入空间依赖的变化进行检验。实际上，经济活动的空间联系在工业社会初期开始快速增强并引起学者关注，而由于建模技术等限制未形成明确的经济活动空间依赖的理论概念。在信息社会时期经济全球化加速发展的背景下，相关理论的发展使经济活动空间依赖概念得到进一步明确，关于其来源和变化的研究也快速增加，部分研究把空间距离作为模型的基本要素，形成了本书的研究的理论基础。同时另一部分研究从时间维度考察经济活动空间依赖的变化趋势，并对这种变化趋势产生的原因提出了不同的观点，为本书的研究提供了丰富的借鉴和参考价值。

2.1 《管子》等古籍的区域收入空间依赖思想

中国春秋时期的《管子》等古籍最早体现了区域收入空间依赖思想。管子曰："厌宜乘势，事之利得也。计议因权，事之囿大也。王者乘势，圣人乘幼，与物皆宜"。"乘势"意为遵循经济社会发展规律，其含义主要有三个方面的内容。

2.1.1 区域收入差距收敛说

随着经济社会发展，区域收入逐渐出现不平衡增长，其差距或大或小，但最终趋于收敛。老子对此说道:"执大象,天下往。往而不害,安平泰"。"往"为"往前""前进"和"发展",与"来"相对应。"来"意为"回来""过来"和"返回"。往、来、阴、阳、辟、阖形成八种状态:"元""亨""利""贞""悔(渐吉)""吝""害(厉)""凶(咎)"。除去"吝""害(厉)""凶(咎)",留下的"元""亨""利""贞""悔(渐吉)"为安平泰。

区域收入差距发散状态的"害"可用易学的《否》表达。较发达区域收入为《乾》在上而上行,即收入相对增长加速。与此相对应,较不发达区域收入为《坤》在下而下行,即收入相对增长减速。运行的趋势是区域收入差距越来越大,出现两极分化。

区域收入差距收敛状态的"元"可用易学的《泰》表达。较发达区域收入为《坤》在上而下行,即收入相对增长放缓。与此相对应,较不发达区域收入为《乾》在下而上行,即收入相对增长加快。运行的趋势是区域收入差距越来越小,显示为收敛,最终区域收入达到均衡。

"往而不害"是区域收入差距变动的收敛状态,也是区域收入差异演化的机制,解构其机理的关键是深度分析区域收入差异的内在动因。

2.1.2 区域收入差异动因论

管子认为,引致区域收入差异的因素主要有五个,分别如下。

(1) 区位。管子指出,"位者,谓其所立也","明主在上位,有必治之势"。中国传统经济理论引用易学的九宫学说将区域分为九个领域,即一个中心外加八个区位。中心体现经济实质,八个区位依次分别为金融、市场(或收入)、劳动、信息、行政、组织、固定资产、制度。在这一中心与八外围的格局中,八个区位与中心组成隶属整合关系,八个区域之间构成平等耦合关系。中心区位占有支配区域大部分资源,其实体比较富裕,而外围区位由于资源受限,其实体比较贫穷。

(2) 距离。地理距离和市场距离为人们所熟知,而管子的经济社会"四维"治理框架体系中的"距离"是一种"功能距离"。功能距离近,动因作用力大。功能距离远,动因作用力小。譬如,区域收入与市场同在二宫《坤》区位,市场对区域收入影响最大;第二为同一维的八宫《艮》区位的固定资产;第三是九宫区位的制度与一宫区位的金融,以及七宫区位的组织与三宫区位的劳动;第四为四宫区位的信息与六宫区位的行政。

(3) 地理。地理环境对区域收入影响甚大。管子将区域环境分为五类:"有山处之国,有泛下多水之国,有山地分之国,有水洪之国,有漏壤之国。此国之五势,人君之所忧也"。

(4) 贸易。贸易是欠发达地区收入增长的主要手段。管子主张改变区域地理劣势的主要途径是贸易,"漏壤之国谨下诸侯之五谷,与工雕文梓器以下天下之五谷。此准时五势之数也"。

(5) 基建。道路、桥梁、物流设施等为生产之基础。管子曰:"高杠柴池,所以致天下之牛马而损民之籍也""请以令,为诸侯之商贾立客舍,一乘者有食,三乘者有刍菽,五乘者有伍养,天下之商贾归齐若流水""夫好心则万物通,万物通则万物运,万物运则万物贱,万物贱则万物可因"。

2.1.3 区域收入差异调控

管子认为区域收入差异调控在于资源及其利用轻重之把握。

(1) 国有民营。关乎国计民生的重要资源,要国有国营,并以此调节民营经济。"唯官山海为可耳",对资源贫乏地区,也要"因人之山海假之""今为国有地牧民者,务在四时,守在仓廪。国多财则远者来,地辟举则民留处,仓廪实则知礼节,衣食足则知荣辱"。

(2) 市场要平准。"乘马之准,与天下齐准。彼物轻则见泄,重则见射""布织财物,皆立其赟。财物之赟与币高下"。

(3) 财政金融支持。"万物之满虚,随财准平而不变""春赋以敛缯帛,夏贷以收秋实,是故民无废事,而国无失利也"。

(4) 收入调剂。"以上壤之满,补下壤之众。章四时,守诸开阖,民之不移也,如废方于地。此之谓筴乘马之数也"。

总之,"以轻重御天下之道也,谓之数应"。

2.2
西方区域收入空间依赖研究的理论发展

在欧洲工业社会初期,作为区域经济研究重要理论之一的区位理论中,区位不但反映了经济活动的空间位置,而且反映了其空间位置与其存在经济联系的其他经济活动空间位置之间的距离、与其存在经济联系的其他经济活动的规模。因此,区位理论中生产活动对区位的依赖可视为经济活动空间依赖概念的最初表

第 2 章 文献综述

述。然而,古典区位论和新古典区位论并未提出一个明确的空间依赖的概念。直到新经济地理学和空间计量经济学理论体系形成后,区域收入的空间依赖在新经济地理学中以坚实的微观理论为基础得到推导,在空间计量经济学中得到明确表述,并由空间计量经济学为其提供了侦测与获取方法。

2.2.1 古典区位论中的距离和运输成本

在西方的传统农业社会,经济活动对区位的依赖就引起了学者的重视。关于区域经济理论的渊源可追溯到 19 世纪 von Thünen 提出的农业区位论。von Thünen 从追求利润最大化的农民出发,设想了一个"孤立国",即存在一个位于城市中心的只消费农产品的单一市场,各区位农产品的单位产量和运费不同,而运输成本是重量和距离的函数。当产品价格由完全竞争市场决定时,生产区位离市场越近,生产者就能相对减少运输成本,进而提高利润,因此地租从城市中心向周围阶梯状递减。农民的竞争最终使得农产品的生产围绕城市中心自发形成同心圆圈层分布结构。该理论在经济学历史上第一次涉及经济活动对市场空间位置的依赖,并探讨了这种依赖作用下的空间经济分布模式及其自发形成机制,成为区域经济学的理论起源。在之后的研究中,Alonso(1964)用通勤者(commuters)代替农民,用通勤成本(commuting cost)代替运输成本,用中央商业区(central business district,CBD)代替中心市场,把 von Thünen 的模型重新解释为一个单中心经济模型,同样得到土地利用呈同心圆分布的结论,该模型至今仍是大量区域经济理论和实证研究的基础。

19 世纪末,在德国工业革命的背景下,Weber(1909)提出了一个系统的工业区位论,讨论生产者如何基于运输成本、劳动力成本和聚集成本等方面因素根据成本最小化的原则寻找最佳区位。其假设条件为各地的需求和价格相等,相当于假设市场是完全竞争市场,从而弱化了需求和价格要素对经济活动的影响。生产者对区位选择决策的顺序是:首先找出运输成本(包括原材料运输成本和最终商品运输成本)最小的位置,然后用劳动成本或聚集成本这两项因素进行筛选。由此可知,该理论认为随着距离的递增,运输成本的递增大于劳动成本和聚集成本的递减,从而在弱化需求和价格要素的假设基础上,进一步突出了距离要素对经济活动的影响。

作为区域经济学的开创性理论,von Thünen 的农业区位论和 Weber 的工业区位论虽然基于不同产业维度对经济活动进行研究,但具有一个共同的观点,即经济活动的空间分布受到运输成本的影响,而运输成本是距离的函数。该观点通过距离和运输成本把生产活动对区位的依赖引入经济学分析范畴，奠定了后来区域经济学中空间依赖的研究基础。在之后的研究中，Hoover（1937）关注了运输成本构成的复杂性，细化了运输成本的分类，认为运输成本由终点费（包括装卸费、仓库、码头、管理、保养维修等费用）和运行费（包括线路维修、管理、运输工具磨损、动能消耗、保险费运输工人工资等）两部分组成，运行费与运输距离成正比，而终点费与运输距离无关，因此每吨公里的运费随运输距离增加而递减。此外，Hoover 还从历史的角度提出了不同经济发展阶段的区位分布模式，并认为运输成本的降低在经济发展阶段转变中起关键作用。作为一种空间要素引入方法，运输成本一直被延续使用至 20 世纪末出现的新经济地理学建模技术，距离亦被当今的空间计量经济学用做空间权重确定原则。

2.2.2 新古典区位论中的不完全竞争模型

Von Thünen 的农业区位论和 Weber 的工业区位论都建立在完全竞争的假设基础上，该假设对应 18 世纪末和整个 19 世纪德国的经济发展状况。随着经济的发展，不完全竞争开始出现，同时规模报酬递增成为生产活动的主要特征，促使新古典经济学者开始考虑把不完全竞争和规模报酬递增纳入经济模型。而此时受建模技术限制，主流经济学无法处理引入空间要素时的不完全竞争和规模报酬递增问题，也无法得到区位问题一般均衡的条件。因此，相对于时间维度分析，空间维度分析在较长一段时期内是在新古典经济学主流模型之外处理的。

在不完全竞争假设下，Hotelling（1929）和 Lösch（1940）分别对 Weber 的工业区位论进行了拓展，把 Weber 提出的厂商进行区位选择决策时的成本最小化原则转化为利润最大化原则。两者的研究将利润最大化原则与消费者对商品的需求相结合，认为产品需求量大小决定利润高低，进而决定区位优劣，因此，Hotelling 和 Lösch 的模型突出了需求要素对厂商最优区位的决定作用，并且弱化了空间距离要素的作用。此外，Lösch 探讨了区位问题的一般均衡条件，标志着一般均衡方法开始被应用于区域经济领域的研究。

Isard（1956）将 Thünen、Weber、Christaller 和 Lösch 等提出的理论进行整合，重新对区位问题进行了表述，认为区位问题可以被看作是生产者对运输成本与生产成本相互替代的权衡问题。Isard 的研究目的是使用引力模型、投入产出模型以及基于中心地理理论的区位选择模型等建模技术，并使用定量方法，把区域科学转化为具有坚实理论基础的精确科学。Krugman（1997）认为，Isard 并未实现把空间问题纳入经济理论核心的目标，也没有提出区位问题中一般均衡的条

第2章 文献综述

件，但把研究重点由厂商的区位决策转向区域综合分析，成为区域科学的开创者，创立了一个相对折中的研究领域。

虽然新古典增长模型未将空间维度的分析纳入其主流研究，但其对完全竞争和规模报酬不变两个研究"瓶颈"的突破，以及其对一般均衡理论的发展，为后来新经济地理学的创立提供了模型和理论基础。Weber 的区位模型采用的是 Leontief 生产函数，其中生产要素是不可替代的。随着新古典经济学模型的发展，Cobb-Douglas 生产函数得到广泛应用，其多种变异形式使规模报酬递增下的一般均衡研究得到发展。Chamberlin（1933）分析了异质性商品对市场结构形成的作用，明确地指出了不完全竞争市场的特点。Dixit 和 Stigliz（1977）用消费者的不变替代弹性效用函数来表述产品异质性，将 Chamberlin 的垄断竞争理论形成一般均衡模型，该模型为多数经济研究提供了新的工具，使这些研究突破了完全竞争和规模报酬不变的"瓶颈"，也成为 Krugman 建立新经济地理学模型的基础。

2.2.3 新经济地理学对空间依赖的推导

Krugman 在 20 世纪 90 年代的一系列著作是新经济地理学的开创性研究。Krugman（1993）把距离函数形式的运输成本引入 Dixit–Stigliz 模型，作为分析垄断竞争结构下市场和竞争优势的一项重要因素，用边际报酬不变的生产函数来体现规模报酬递增，指出该模式下的区域工资依赖于该地区的市场潜力，并在 Fujita 等（1999）的总结性著作中模拟了均衡状态下空间经济分布的"核心—边缘"模式的形成路径，将"核心—边缘"模式的形成视为在关联效应下由一个偶然的初始事件引发的一系列因果循环作用的结果，并且根据"路径依赖"理论，认为"核心—边缘"模式形成后，就会因为空间依赖的作用一直延续下去，空间经济分布模式因此被"锁定"。由新经济地理学模型推导出的工资方程表明，一个地区的收入依赖于其市场潜力，其市场潜力等于各地区的收入用各地区到该地区的距离加权后的总和。该理论将贸易理论和区位理论相结合，体现了 Marshall（1890）提出的货币外部性以及 Harris（1954）提出的市场潜力思想。因为市场潜力包含邻近地区收入和距离两个要素，反映的是一个地区的经济和地理两种特征，所以区域收入对市场潜力的依赖实际上是一种空间依赖。

Fujita 等（1999）建立的新经济地理学模型是借助数值模拟方法求解的，而均衡方程组中的工资方程却被后来多数学者单独用于实证研究。新经济地理学工资方程用于实证研究时，由于假设松散、模型不严谨以及相较于 Harris 意义上的市场潜力模型而言非线性程度较高等多种局限性，对实证研究造成了一定困难。

尽管如此，Redding（2013）认为，新经济地理学工资方程在实证方面的研究非常成功。Redding 和 Schott（2003）、Redding 和 Venables（2004）、López-Rodríguez 等（2007）、Boulhol 和 De Serres（2008）、López-Rodríguez 和 Acevedo（2013）、López-Rodríguez 和 Runiewicz-Wardyn（2014）、Bruna（2015）等在新经济地理理论框架下对区域收入对市场潜力的依赖进行了实证研究，分析了经济地理意义上的边缘性对区域收入的负面作用；López-Rodríguez 和 Faíña（2006）、Faíña 和 López-Rodríguez（2006）、Bivand 和 Brunstad（2006）、Fingleton（2006）、Le Gallo 和 Dall'Erba（2006）、Fingleton（2007）、Monfort（2008）、Lopez-Rodriguez 和 Runiewicz-Wardyn（2014）等验证了这种"核心—边缘"结构在欧洲地区或个别国家的存在。这些研究中的实证模型均使用 Krugman 意义上的市场潜力或 Harris 意义上的市场潜力作为区域经济的关键解释变量，验证了区域收入对市场潜力的依赖，并强调这种依赖在区域经济梯度形成中的显著作用。

近二十年来，Martin（1999）、Garretsen 和 Martin（2010）等区域经济学者与 Duranton 和 Storper（2006）等经济地理学者对空间经济研究方法的合理性性进行了持续争论。Storper（2013）批评新经济地理学理论中固有一般均衡的假设是不合理的。Felipe 和 McCombie（2012）指出，不存在一个整合所有区域生产活动的生产函数，整合所有区域全要素生产率或要素替代弹性的生产函数是不合理的。因此，新古典增长模型的生产函数在区域经济领域未得到广泛应用，新经济地理学理论模型以及部分其他区域经济研究（如 Delgado 等（2010，2014））也未采用新古典增长模型的生产函数。Fingleton 和 Fischer（2010）分别用新古典增长模型和新经济地理学模型对欧洲地区经济进行实证分析，通过比较认为新经济地理学模型更适用于解释经济活动在截面上的空间异质性。但是相较于新古典增长模型的生产函数，新经济地理学模型的生产函数只有劳动力一种生产要素，逐渐不适用于对资本密集型产业规模不断扩大的现实经济的研究。

2.2.4 空间计量经济学对空间依赖的侦测和获取

相较于其他区域经济理论，空间计量经济学在实证研究上的应用更为广泛。作为计量经济学的一个分支，空间计量经济学的研究技术以空间中的点为位置属性测量的空间样本数据为基础，是一种应用于空间、结合统计分析技术以及区域科学模型特质的技术。相较于传统计量经济学，空间计量经济学由于样本数据的空间位置属性而引出了两个问题：（1）样本观测值之间的空间依赖；（2）计量模型误差项的空间自相关。这两个问题导致空间样本数据的普通最小二乘估计违

第2章 文献综述

反 Gauss-Markov 定理，而被传统计量经济学忽视。Gauss-Markov 定理假定解释变量在重复抽样中是固定或非随机的，而样本观测值之间的空间依赖违反了该假定。类似地，误差项的空间自相关也违反了误差项不相关的 Gauss-Markov 定理假定。因此，在处理空间经济数据时，需要转变传统的计量经济学处理方法。

空间计量经济学最早起源于 20 世纪 70 年代。Fisher（1971）提出了一种处理"空间依赖的计量估计"的方法，这篇文献是第一篇有关空间依赖及其应用于线性回归模型估计主题的应用经济学文献。Paelinck（1975）首先在方法论方面提到有关多地区截面模型所包含的空间自相关的一些性质。90 年代以前，相关研究已对空间计量经济学领域提出明确的定义，如 Paelinck 和 Klassen（1979）提到该领域的研究涉及五个方面：（1）空间依赖在空间计量模型中的角色；（2）空间关系的不均匀；（3）在不同区位的解释变量的重要性；（4）前向（ex-ante）和后向（ex-post）交互作用的不同；（5）明确的模拟空间。这些定义使空间依赖的定义逐渐明确，也使空间计量经济学理论发展逐渐成熟。

20 世纪 70 年代初期到 80 年代晚期这一阶段的空间计量经济学研究主要集中在理论计量经济学方面，讨论了残差的空间自相关检验，空间滞后模型和空间误差模型的选择，以及线性空间回归模型的基本的估计方法，如极大似然法和工具变量法等。Anselin（1988a）整合了这些理论，定义空间计量经济学是一种专门研究空间依赖和空间异质性这两种空间效应的方法论，主要包括提出计量模型的空间效应问题、估计包含空间效应的计量模型、侦测和验证空间效应以及预测等五个方面的内容，从而发展出一个系统的空间计量经济学理论体系。

根据 Anselin（1988a）的空间计量经济学方法论，Moran（1950）定义的 Moran's I 统计量作为检验空间自相关的存在和正负向关系的指标，被学者们广泛应用于空间自相关检验。随后另一些检验空间自相关的指标相继被应用，如 Geary（1954）定义的 Geary's C 统计量，Cliff 和 Ord（1973）定义的 Getis-Ord G 统计量，Cliff 和 Ord（1981）定义的 Join Count 统计量，等等。然而这些检验没有相应的备择假设，即只能检验出空间相关性的存在，而无法确定选择哪种空间计量模型来获取空间依赖。基于拉格朗日乘数检验，Burridge（1980）提出一种被解释变量不存在空间依赖时残差空间自相关的检验，可用来初步检验空间误差模型的适用性；Anselin（1988b）提出了不存在残差自相关时的被解释变量空间依赖检验，可用来初步检验空间滞后模型的适用性。Bera 和 Yoon（1992）提出了被解释变量存在空间依赖时残差空间自相关稳健检验方法，以及残差存在空间自相关时被解释变量空间依赖稳健检验方法，可用来对空间模型的适用性作进一步判断。Florax 等（2003）基于以上 4 种检验方法提出了空间计量模型的选择方法。

20世纪90年代和21世纪初，研究主要围绕在对估计方法和统计检验提出更加严谨的正式论证，如考察误差项对大数定律和中心极限定理的服从，发展出工具变量估计、高斯混合模型（Gaussian Mixture Model，简称GMM）估计和贝叶斯（Thomas Bayes）估计等新的估计方法，并且对空间面板模型作了探讨。龙志和等（2009，2015）将Bootstrap方法应用到空间自相关的检验、空间计量模型选择的稳健性检验等方面，解决了拉格朗日乘数检验存在的水平扭曲问题。同时，学者们针对不同形式的空间联系发展出多种形式的空间权重矩阵和空间计量模型形式，如LeSage和Pace（2008）对要素流入地和流出地的空间依赖采用不同的空间权重矩阵进行实证分析，在一定程度上增强了空间计量模型的理论解释力。

2.2.5 经济理论中的空间依赖研究比较与整合

古典区位论对距离和运输成本的引入，在一定意义上形成了经济活动空间依赖概念的雏形；受不完全竞争模型建模技术的限制，新古典区位论弱化了空间要素的影响，而发展出更适用于垄断经济的不完全竞争模型和一般均衡理论；新经济地理学在较为成熟的不完全竞争模型基础上，建立了区域收入空间依赖的理论基础；空间计量经济学从实证模型和估计技术方面发展出空间依赖的侦测和获取方法。

在新经济地理学和空间计量经济学两条研究路径之外，存在一部分基于贸易理论的研究，由物理学中的万有引力方程衍生出引力模型，来预测地区间互动的程度，如Sousa等（2012）、Kelejian等（2012）、Bertoli和Moraga（2015）采用的典型的贸易引力模型。但才国伟和钱金保（2013）认为，贸易引力模型和空间计量模型缺乏严格的理论推导。如同被称为乏理论（atheoretical）模型的时间序列模型一样，贸易引力模型和空间计量模型没有像新经济地理学中坚实的微观理论基础，因此只适用于空间依赖的侦测与获取，而不适用于对空间依赖的经济意义解释及变化机制分析。

由于新经济地理学市场潜力并不能全面反映经济活动各方面的空间依赖，空间计量经济学技术可以对这方面进行补充。在新经济地理学中的工资方程中，区域工资是市场潜力变量的函数，该变量是各地区市场规模的一个加权和，市场规模的权重和通常以运输成本为代表的双边贸易成本负相关。市场潜力虽可看作是一种不同类型的空间滞后项，却不能克服工资方程误差项的空间自相关问题。在新经济地理学文献中，多数对工资方程的实证研究未考虑到误差项的空间自相关，而在通过使用空间计量方法中的空间误差模型来修正误差项存在空间自相关

第2章 文献综述

可以突破这种局限性。

2.3 区域收入空间依赖的变化趋势和机制研究综述

新经济地理学和空间计量经济学的理论意义主要在于空间要素的再次引入，因此基于这两种理论的研究多集中于空间维度，而缺乏从时间维度上的研究。新经济地理学理论提出的是一种静态均衡下的空间经济结构，空间滞后模型和空间误差模型也缺乏相应的动态分析，多数基于这两种理论的研究没有关注空间依赖在时间维度上发生的变化。而从空间和时间两种维度上对经济活动的考察，多出现在基于贸易理论的关于贸易距离弹性变化的研究中。

2.3.1 贸易理论中的不完全空间依赖

Ekelund 和 Hébert（2013）指出，在 Ricardo 之前的贸易理论中，空间因素是被优先考虑的，而 Ricardo（1821）通过将区位差异转化为生产力差异，用比较成本代替了空间因素，有效地将对空间的考虑从他的分析体系中剔除了。由于 Ricardo 模型和比较成本的重大影响，贸易理论几乎将空间因素从主流理论中剔除出去，直到 Ohlin（1967）把贸易理论归为区位理论的一个组成部分，空间因素才重新开始被贸易理论研究关注。

Tinbergen（1962）首先基于物理学中的万有引力方程，提出贸易引力的概念。自从 Anderson 和 van Wincoop（2003）、Anderson 和 van Wincoop（2004）对贸易引力实证模型的估计开始，贸易引力模型被广泛应用于实证研究中，且研究视角逐渐从空间维度发展到时间和空间两种维度。Salvatici（2013）认为贸易引力模型中的地理距离在实证中已泛化为贸易成本。因为贸易引力模型中没有一个同时包含经济要素和空间要素的解释变量，所以贸易引力模型被用来获取贸易量分别对双边经济总量的弹性和对双边距离的弹性，并不能获取完全意义上的经济活动空间依赖。

2.3.2 "距离之谜"与"距离的诅咒"

"距离之谜"与"距离的诅咒"分别表示贸易对距离弹性的增强趋势、区域收入对市场潜力弹性的增强趋势,两者分别基于贸易引力模型和新经济地理学工资方程的实证估计得出。贸易对距离的弹性是空间依赖一种不完全表达,而区域收入对市场潜力的弹性是对空间依赖的一种较为全面的表达。从字面上讲,"距离的诅咒"指空间经济结构中边缘地区的收入受到经济地理要素的约束,"距离之谜"适用于描述所有发展程度上的地区的贸易量对地理距离的依赖。

尽管对贸易引力模型的估计所获取的距离弹性并非充分意义上的空间依赖,大量基于贸易引力模型关于贸易量对距离的弹性变化趋势的研究结论,对区域收入空间依赖的研究仍有借鉴意义。贸易理论对于空间距离效应的重新重视,引发了一类关于"距离之谜"的研究。这类研究使用不同时期的截面数据估计贸易引力方程,得到贸易量对于距离的弹性在时间上的变化趋势,发现该趋势并未像预期一样随着全球化进程而减弱,反而在多数情况下出现增强,Cairncross(1997)称其为"距离的暴政",后来学者称其为"全球化缺失之谜"或"距离之谜"。

Buch 等(2004)认为"距离之谜"在运输成本降低的情况下仍然存在,贸易引力模型研究所得出的"距离之谜"并非贸易量对运输成本关系变化的真实反映。Lin 和 Sim(2012)用长距离的广延边际和短距离的集约边际解释了运输成本降低导致贸易量增加和"距离之谜"并不矛盾。Larch 等(2015)发现使用贸易引力模型进行普通最小二乘估计,可获取全球化背景下与预期相反的随着时间不断增强的距离弹性,即"距离之谜",但同时认为普通最小二乘法对这种距离弹性的估计结果存在偏差,这种偏差来自缺少关键变量和样本选择。Bosquet 和 Boulhol(2015)、Buehler 和 White(2015)用泊松伪极大似然(poisson pseudo maximum likelihood,PPML)估计修正了这种偏差,得到了距离弹性随着时间略有减弱的趋势。Yotov(2012)在整合了内部市场的情况下使用分组数据对贸易引力方程进行 PPML 估计,发现"距离之谜"在富国和穷国都不存在。Carrère 等(2013)同样用 PPML 方法对加入虚拟变量的贸易引力模型进行估计,发现"距离之谜"已在富国消失,而只存在于穷国。

"距离之谜"在一定程度上反映出经济活动的空间依赖随时间增强的趋势,然而贸易距离弹性把地理距离要素和经济要素分离,所表达的空间依赖并不全面。新经济地理学市场潜力概念的提出克服了这种不足。Krugman 重新推导出 Harris(1954)提出的市场潜力,可看作是对地理距离和经济要素的整合。Redding 和 Venables(2004)等通过估计新经济地理学工资方程,得到市场潜力直接影响着区域人均收入的结论,而且指出这种影响在较不发达的边缘地区尤为显著。

第2章 文献综述

Breinlich（2006）、Head 和 Mayer（2006）、López-Rodríguez 等（2007）、Head 和 Mayer（2011）、Bruna 等（2014）使用 Redding 和 Venables（2004）构造的市场潜力变量或者 Harris（1954）意义上的市场潜力变量对欧洲地区工资方程进行了估计，得出了相似的结果，证明了市场潜力对区域收入的影响在欧洲地区的存在。Fingleton 和 Mccann（2007）、Linders 等（2008）、Disdier 和 Head（2008）的实证研究发现这种影响并未随着区域间交通设施的进步而减小，这种现象被后来的学者称为"距离的诅咒"效应。这类研究以新经济地理学中的市场潜力概念为基础，用区域收入对市场潜力的弹性来替换贸易理论中的贸易距离弹性，较为全面地表达了区域收入的空间依赖，并通过实证检验得到这种空间依赖在空间经济结构中的边缘地区尤为显著的结论。而由于新经济地理学工资方程在实证中具有多种缺点，现有研究止步于对区域收入空间依赖的检验和对"距离的诅咒"的证明，并未进一步对区域收入空间依赖变化趋势进行研究。

2.3.3 区域收入空间依赖变化机制研究综述

用空间计量经济学可获取区域收入空间依赖变化趋势，但空间计量经济学由于缺乏微观理论基础而不能对其变化机制进行解释。根据 Fujita 等（1999）的新经济地理学模型的初步推导结果，区域收入空间依赖来源于不同地区生产的异质性产品的替代弹性和要素边际生产力。而在进一步的推导中，Fujita 等选择了合适的计量单位对模型进行标准化处理，剔除了模型中的要素边际生产力影响，而认为模型中的异质性产品替代弹性对于"核心—边缘"空间经济结构的形成和维持具有关键作用。这种处理方法在一定程度上夸大了需求的作用，从而减少了从生产角度的考察。

异质性产品替代弹性经典的产业跨区域转移理论如 Kaname（1932）的雁行模式、Vernon（1966）的产品生命周期理论、Dunning（1990）的国际生产折衷理论、Lewis（1978）的劳动力密集型产业转移理论和 Kojima（1978）的边际产业转移理论的研究视角均集中于生产角度，说明了生产要素、技术和生产函数的改变在产业跨区域转移机制中所起的重要作用，但产业跨区域转移理论局限于新古典增长理论框架，把空间要素看作是外生的，未能提供一种关于经济空间分布格局形成机制的解释。基于新经济地理学理论对中国"核心—边缘"空间经济结构变化机制的研究，多数是关于劳动力的流动在空间经济结构形成及变化机制中的作用，如 Hering 和 Poncet（2010）、张文武和梁琦（2011）、赵作权（2012）、梁琦等（2013），这是由于以往中国乃至世界范围内劳动密集型经济发展背景的限定下，新经济地理学模型所使用生产函数只包含劳动投入一种要素的设定。

在新经济地理学理论之外的相关研究考察了其他多种生产要素、政府政策和初始经济水平等作用下的空间经济分布结构形成及变化机制，对区域收入空间依赖的变化机制分析具有一定的启发意义。Baldwin 等（2003）和 Li（2012）分析了资本流动如何决定产业的空间分布；Hajime 和 Daozhi（2013）在低运输成本背景下讨论了产业内竞争对产业空间布局的作用机制；Borsi 和 Metiu（2013）研究了初始收入水平对产业空间结构的决定作用；武廷方和夏刚（2014）探讨了中国的城镇化政策对小范围区域内的产业空间结构的影响；韦倩等（2014）验证了资本、自然资源、基础设施和优惠政策等因素之外的市场因素在中国沿海地区的崛起中发挥的重要作用。而自 2000 年以来，中国政府及其实施的区域经济战略在中国东部和中西部空间经济份额变化中扮演重要角色，因此不能忽视市场因素之外驱动产业空间结构发生变化的因素如公共投资、税收优惠和转移支付等的影响。

综上所述，现有基于经济地理学的研究缺乏对区域收入空间依赖变化机制的关注，而多聚焦于对"核心—边缘"空间经济结构形成与维持机制的研究，这类研究虽不能明确指出区域收入空间依赖变化的原因，却从侧面反映出区域收入空间依赖变化机制的研究出发点应是生产角度而非需求角度。新经济地理学理论之外的相关研究为区域收入空间依赖变化机制中各种生产要素、政府政策和初始经济水平等因素的作用提供了参考。

2.4
已有研究的主要贡献、不足与启示

对现有区域经济理论中的空间依赖研究文献进行梳理可知，古典区位论将空间要素引入经济模型，奠定了空间依赖思想形成的基础；虽然新古典区位论弱化了空间要素的影响，但是发展出的不完全竞争模型和一般均衡理论成为新经济地理学的模型基础；在一般均衡的设定下，新经济地理学把空间要素引入上述不完全竞争模型，推导出区域收入空间依赖的来源，而新经济地理学模型在实证研究技术方面的局限可由空间计量经济学来补充。因此，基于以上区域经济理论的研究各有优缺点，下面将具体对已有研究的主要贡献、不足及对本书的启示加以评述。

第 2 章 文献综述

2.4.1 主要贡献

根据本章前几节的分析,现有文献对区域收入空间依赖研究的主要贡献有以下几点:

(1) 古典区位论把地理距离作为运输成本的函数引入经济模型,开创了从空间视角进行经济研究的先例。直到现代,Fujita 等(1999)的新经济地理学模型仍采用 von Thünen 提出的"冰山"形式运输成本,并把地理距离作为模型的空间要素;空间计量经济学中的空间权重矩阵同样以地理距离的函数形式来构建。古典区位论中的空间要素引入方式对经济理论中的空间依赖研究发展产生深远影响。

(2) 空间计量经济学理论为侦测和获取区域收入空间依赖及其变化趋势提供了有效的实证模型和估计方法。Paelinck 和 Klassen(1979)在空间计量经济学框架内明确了空间依赖的概念;Moran(1950)、Geary(1954)、Cliff 和 Ord(1973)、Cliff 和 Ord(1981)提出的空间自相关指标提供了侦测区域收入空间依赖的方法;Burridge(1980)、Anselin(1988b)、Bera 和 Yoon(1992)、Florax 等(2003)提出了模型适用性检验及选择技术;Anselin(1988a)总结的计量经济模型和估计方法为实证获取区域收入空间依赖提供了有效途径。

(3) 新经济地理学模型为区域收入空间依赖研究提供了微观理论基础。在垄断竞争、规模报酬递增和一般均衡的设定下,Krugman(1993)将地理距离引入垄断竞争模型,推导出市场潜力函数形式的工资方程,成为区域收入空间依赖的微观理论基础,Fujita 等(1999)模拟出"核心—边缘"空间经济结构的形成与维持过程,证明了区域收入空间依赖在"核心—边缘"空间经济结构的形成与维持机制中所起的重要作用。

(4) 贸易理论研究中发现的贸易距离弹性增长趋势对区域收入空间依赖变化趋势研究具有重要参考意义。Cairncross(1997)、Buch 等(2004)、Lin 和 Sim(2012)、Carrère 等(2013)使用贸易引力模型验证了贸易量对距离弹性随时间增强的变化趋势。相应地,Boulhol 和 De Serres(2010)、Bruna 等(2014)使用新经济地理学模型验证了区域收入对市场潜力依赖的变化趋势,发现其同样呈现出一种随着时间增强的变化趋势。

2.4.2 不足之处

根据本章前几节的分析,现有关于区域收入空间依赖研究的不足之处有以下几点:

(1) 现有研究通过估计新经济地理学工资方程验证了中国区域收入存在空间依赖,而忽视了工资方程估计结果残差的空间相关性。多数研究把估计新经济地理学工资方程中区域收入对市场潜力的系数估计值作为区域收入空间依赖的获取方法,这些研究的前提是新经济地理学工资方程估计结果的残差不存在空间依赖。而本书的实证分析表明该隐含假设并不成立,因此新经济地理学工资方程估计结果中残差的空间依赖在已有研究中被忽视,单纯用新经济地理学模型无法克服其在实证研究中的局限性。

(2) 现有研究验证了中国区域收入存在空间依赖,而没有进一步对这种空间依赖在中国的变化趋势进行研究。多数国内研究基于中国区域数据由新经济地理学工资方程实证回归得到区域收入对市场潜力的显著正向弹性,而忽视了该弹性近年来在中国发生的变化。在贸易理论发现的"距离之谜"启发下,基于国外数据的研究表明欧洲等地的区域收入对市场潜力的弹性正不断增强,形成"距离的诅咒"效应,这种效应在中国是否同样存在有待进一步研究。

(3) 由于缺乏微观理论基础,基于空间计量模型和贸易引力模型的研究在解释区域收入空间依赖的来源和分析其变化机制方面存在局限性。空间计量经济学简单地以地理学第一定律为理论基础,其处理技术沿用了制图学和测量学中的空间分析技术;贸易引力模型则直接套用物理学中的万有引力模型,并非在微观经济理论基础上推导得出。因此,空间计量模型极少用于经济机理的解释,由贸易引力模型的估计得到的"距离之谜"也引发了较多争论。

(4) 基于新经济地理学的相关研究缺乏对资本要素和政府行为的考察,因而在用于中国政府主导的区域发展战略背景下区域收入空间依赖研究时存在一定的局限性。改革开放初期,中国的劳动密集型产业向东南沿海集中,逐渐形成的以东部地区为核心的"核心—边缘"结构,在较大程度可由不考虑资本要素的新经济地理学理论来解释。而到 1999 年之后中国实施西部大开发、中部崛起和振兴东北等区域发展战略,具体政策是以基础设施建设为主的生产性公共支出、税收优惠和转移支付,公共资本在近 20 年来中国区域经济空间依赖的改变中起重要作用,相关研究需要从资本要素和政府行为方面对新经济地理学模型加以改进。

2.4.3 对本研究的启示

根据本章前几节的分析,现有关于区域收入空间依赖研究对本研究有以下几点启示:

(1) 针对新经济地理学工资方程估计结果中残差的空间自相关问题,有必要在考虑误差项空间自相关的情况下,对中国区域收入空间依赖进行再检验。在估计新经济地理学工资方程时,已有研究使用广义距估计或者工具变量两阶段最小二乘法消除了模型的内生性影响,即解释变量与误差项的相关性影响,而没有考虑自相关的影响。新经济地理学工资方程估计结果中残差的空间相关性是一种自相关问题,影响了估计结果的无偏性和有效性,因此在估计新经济地理学工资方程时不能忽视。

(2) 针对国内研究忽视中国区域收入空间依赖变化趋势的现状,有必要用逐年回归方法获取并分析中国区域收入空间依赖变化趋势。为获取中国区域收入空间依赖变化趋势,使用一定样本期内历年截面数据对新经济地理学方程进行估计和整理。通过获取该趋势,可以验证"距离的诅咒"在当前中国区域经济中是否存在及其发展趋势。

(3) 针对新经济地理学在实证上的局限性和空间计量经济学在理论上的局限性,把新经济地理学工资方程和空间误差模型联立为空间联合模型。新经济地理学中市场潜力的构造形式在一定程度上和空间计量经济学中空间滞后项的形式接近,因此新经济地理学工资方程经过处理后可视为空间滞后模型,从而与空间误差模型组合为空间联合模型,可采用适当的估计方法进行计量分析。这种组合在一定意义上实现了新经济地理学和空间计量经济学研究框架的整合,互相补充了新经济地理学在实证上的局限性和空间计量经济学在理论上的局限性。

(4) 针对新经济地理学模型不适用于中国区域经济战略背景下的宏观分析的局限性,有必要通过引入私人资本、公共资本和政府行为对新经济地理学模型加以改进。多数实证研究验证了资本和政府政策在空间经济结构变化中所起的重要作用,为生产性公共支出在区域收入空间依赖变化中的作用机制研究提供了参考。Baldwin 等(2003)、Li(2012)、Daozhi(2016)把资本纳入新经济地理学模型,考察其在空间经济结构变化机制中的作用;Borsi 和 Metiu(2013)、武廷方和夏刚(2014)、韦倩(2014)的实证研究中认为,资本和政府政策显著地作用于了空间经济结构的形成和改变过程,为资本和政府政策对空间经济活动的影响提供了证据。

2.5 本章小结

本章对古典区位论、新古典区位论、新经济地理学、空间计量经济学以及贸易理论中的经济活动空间依赖研究进行了梳理，从经济活动空间依赖的发现、经济活动空间依赖的变化趋势以及经济活动空间依赖的变化机制三个方面进行了文献综述。贸易理论和新经济地理学对距离效应的重新重视，引发了对区域收入空间依赖的存在检验以及对经济发展程度不同地区中的"距离之谜""距离的诅咒"的初步探索。已有研究验证了不完全表达空间依赖的贸易距离弹性在多数国家和地区有增强趋势，而缺乏对区域收入市场潜力弹性变化趋势以及变化机制的关注，尽管如此，这些研究的观点和结论仍为本书的研究提供了丰富借鉴和参考价值，并指明了本书的研究方向及应注意的问题。

第3章

理论基础

古典区位论和新古典区位论都体现出一个基本观点,即运输成本对空间经济分布模式的形成和维持具有关键作用。空间计量经济学主要使用计量方法,对已有空间经济分布模式中的空间依赖相关问题进行侦测和分析。新经济地理学在一定意义上把两者进行了衔接,即基于运输成本的作用建立了一般均衡模型,解释了空间经济分布模式的形成和维持过程,并推导出适用于侦测和分析区域收入空间依赖的工资方程。但是在实证研究过程中,新经济地理学工资方程存在多方面不足,需要结合空间计量经济学方法进行补充和规范。

3.1 新经济地理学

基于 Dixit 和 Stiglitz(1977)构建的垄断竞争模型,Fujita 等(1999)通过引入"冰山"运输成本,建立了体现 Marshall(1890)货币外部性的新经济地理学模型,推导出具有 Harris(1954)市场潜力思想的工资方程,并解释了"核心—边缘"空间经济结构的形成和维持机制。其中,新经济地理学工资方程描述了区域工资和市场潜力之间的紧密关系:厂商由于运输成本和不同的周边地区市场规模而具有不同的市场潜力,较高的市场潜力带来较高的工资水平。由于市场潜力综合反映了一个地区的经济地理要素,新经济地理学工资方程中区域工资对市场潜力的依赖在空间计量经济学中被表达为区域收入的空间依赖。

3.1.1 新经济地理学两部门的假设及延伸

Fujita 等(1999)对新经济地理学的开创性研究中,假设一个经济体包含两个部门：一个生产单一同质性商品的完全竞争部门，用 C 表示；另一个在生产大量异质性商品的垄断竞争部门，用 M 表示。其中完全竞争部门的生产是规模报酬不变的，垄断竞争部门的生产是规模报酬递增的。该模型的最终推导出的工资方程，是企业能够支付给垄断竞争行业不可流动的劳动生产要素最大报酬的可估计方程。Fingleton（2006，2007，2008）、Fingleton 和 Fischer（2010）的研究继承了新经济地理学的传统假设。Fujita 等（1999）分别用农业部门和制造业部门代表这两个部门，但同时说明没有必要拘泥于"农业"的字面含义，可以把农业部门看成是从事制造业之外生产活动的完全竞争部门。根据该解释，服务业应归为制造业之外的完全竞争部门，但这种解释并不利于实证研究中产业维度上的变量指标选取。部分实证研究把非农产业（包括服务业和制造业）作为新经济地理学传统假设中的 M 部门，如范剑勇（2006）和刘修岩等（2007）。Fingleton 和 Fischer（2010）认为新经济地理学对 M 部门的定义实际上符合服务业的情形，并使用服务业和其他产业的劳动份额比来衡量 C 部门和 M 部门的劳动份额比。Desmet 和 Rossi-Hansberg（2014）建立了包含制造业部门和服务业部门的新经济地理学扩展模型，设定服务业技术进步并发生空间集聚。

另一种对 C 部门和 M 部门的表达是"传统"部门和"现代"部门。Ottaviano 和 Thisse（2004）在这种视角下的研究认为，两部门包含的行业随着经济发展程度而变化，在不同的经济发展阶段，两部门包含的行业不相同。Baldwin（2003）认为，Fujita 等（1999）的新经济地理学基准模型中，C 部门和 M 部门的关键区别在于，M 部门在其商品生产中密集使用区域间不可流动的生产要素。然而这种区分不能延伸使用到其他可得到类似于工资方程结论的新经济地理学扩展模型。综上所述，新经济地理学中 C 部门和 M 部门更为一般的假设，仍需通过对现实经济中产业结构的考察给出。

与以往多数基于新经济地理学的研究一样，M 部门是本书的研究聚焦点。为获取中国区域收入更具一般性的空间依赖，本书把所有具有空间相关性的产业都归为 M 部门，假设模型中的经济体只包含一个 M 部门。3.3.3 小节会使用中国现实经济数据对该部门的产业跨度进行规范。

3.1.2 消费者行为与市场潜力的设定

根据 Fujita 等（1999）的新经济地理学基准模型设定，假设各地区消费者对 M 部门的商品具有不同的偏好，i 地区对 M 部门商品的偏好 U_i 等于 i 地区对垄断竞争部门商品的综合消费数量指数 M_i 的单调递增函数：

第3章 理论基础

$$U_i = u(M_i) \tag{3.1}$$

由于并不存在 M 部门商品以外的商品，i 地区代表性消费者把总收入 Y_i 全部用于 M 部门商品的消费，用 E_i 表示 i 地区对 M 部门所有商品的总支出，则有 $Y_i = E_i$。用 P_i 表示 i 地区消费 M 部门商品的综合价格指数，i 地区对 M 部门商品的消费数量为：

$$M_i = \frac{E_i}{P_i} = \frac{Y_i}{P_i} \tag{3.2}$$

各地区对 M 部门商品偏好不同的假设体现了区域异质性，目的是使模型涵盖前向关联与后向关联。参考 Fujita 等（1999）的新经济地理学基准模型，不考虑储蓄和税收，假设 M 部门的商品全部用于消费。

代表性消费者决定了对 M 部门商品的综合消费数量之后，需要决定对 M 部门每种商品的消费数量 m_j。消费数量 m_j 可由固定替代弹性（Constant Elasticity of Substitution，CES）效用函数导出。设有经济体由 R 个地区组成，M 部门的每种商品只在一个地区生产，而且所有特定地区生产的产品都具有相同的生产技术和相同的价格，所有地区之间均发生贸易，则 i 地区可消费的 M 部门商品种类等于所有 R 个地区的数量。因此，i 地区代表性消费者决定对 M 部门每种商品的消费数量 m_j 时，需要解决如下的效用最大化问题：

$$\max M_i = \left[\sum_{j=1}^{R} m_{ji}^{\frac{\sigma-1}{\sigma}}\right]^{\frac{\sigma}{\sigma-1}} \tag{3.3a}$$

$$\text{s.t.} \sum_{j=1}^{R} p_{ji} m_{ji} = E_i \tag{3.3b}$$

其中，$\sigma > 1$ 表示 M 部门任意两种商品之间的替代弹性，m_{ji} 表示 i 地区消费的 j 地区生产的商品数量，p_{ji} 表示该商品的交货价或到岸（Cost Insurance and Freight，CIF）价格。对 j 地区生产的代表性商品而言，根据消费者效用最大化问题的一阶条件，可得到该商品与 M 部门其他任意一种商品 q 的边际替代率等于两者价格之比：

$$\frac{m_{ji}^{1/\sigma}}{m_{qi}^{1/\sigma}} = \frac{p_{qi}}{p_{ji}} \tag{3.4}$$

整理式（3.4）可得 $m_{ji} = m_{qi}(p_{qi}/p_{ji})^{\sigma}$，把 $m_{ji} = m_{qi}(p_{qi}/p_{ji})^{\sigma}$ 代入消费者效用最大化问题中的支出约束条件（3.3b），整理可得商品 m_{qi} 的补偿需求函数。该函数反映了 i 地区对商品 m_{qi} 的最优消费水平 m_{qi}^{*}：

$$m_{qi}^* = \frac{E_i p_{qi}^{-\sigma}}{\sum_{j=1}^{R} p_{ji}^{1-\sigma}} \quad (3.5)$$

类似地，可以求出 i 地区对 j 地区生产的代表性商品 m_{ji} 的最优需求 m_{ji}^* 为

$$m_{ji}^* = \frac{E_i p_{ji}^{-\sigma}}{\sum_{j=1}^{R} p_{ji}^{1-\sigma}} = \frac{E_i p_{ji}^{-\sigma}}{S_i} \quad (3.6)$$

其中，$S_i = \sum_{j=1}^{R} p_{ji}^{1-\sigma}$。$S_i$ 是一个包含 i 地区消费的所有商品价格且与这些价格负相关的指数，通过商品间的替代弹性相关联。Redding 和 Venables（2004）称 S_i 为供应商准入（supplier access），而 Head 和 Mayer（2006）称 S_i 为供给指数（supply index）或竞争指数（competition index）。把式（3.6）代入式（3.3a），可得 i 地对 M 部门商品的最优消费数量为 $M_i = E_i S_i^{1/(\sigma-1)}$。设 $P_i = S_i^{1/(1-\sigma)}$，则 i 地对 M 部门的最优消费数量可写为 $M_i = E_i/P_i$，从而符合了 P_i 对 i 地区消费 M 部门商品综合价格指数的表达。而 Fujita 等（1999）得到相同的 M 部门商品综合价格指数表达式的路径，则是把问题（3.3）转化为如下的价格最小化问题：

$$\min P_i = \left[\sum_{j=1}^{R} p_{ji}^{1-\sigma}\right]^{\frac{1}{1-\sigma}} \quad (3.7a)$$

$$s.t. \left[\sum_{j=1}^{R} m_{ji}^{\frac{\sigma-1}{\sigma}}\right]^{\frac{\sigma}{\sigma-1}} = M_i \quad (3.7b)$$

根据式（3.7a）~式（3.7b），Krugman（1992）把 M 部门商品综合价格指数 P_i 看作是购买 1 单位 M 部门商品组合的最小成本，并称 P_i 为"实际价格指数"，而把 M_i 看作是一个效用函数。Brakman 等（2009a）更确切地称 P_i 为"消费价格指数"。而 Head 和 Mayer（2004a）从商品来源视角定义 P_i 为所有运输到 i 地区商品的出厂价指数。在实证过程中，对该变量的衡量指标通常根据数据的可获得性来确定。

式（3.6）中，Redding 和 Venables（2004）称 E_i/S_i 为"市场容量"，它给出 i 地区对 j 地区生产的代表性商品需求曲线的斜率。式（3.6）表明，i 地区对 j 地区生产的代表性商品的需求量 m_{ji}^* 和该商品的交货价 p_{ji} 负相关，且和供应商准入 S_i 负相关。M 部门商品 CES 效用函数假设中的 $\sigma > 1$ 起到关键作用，使 S_i 中 $p^{1-\sigma}$ 的指数 $1-\sigma$ 为负。Head 和 Mayer（2006）指出，具有大量低价商品需求的地区供应指数较高，因此将成为难以获得高市场份额的市场。由此可知，S_i

第3章 理论基础

可以用来测度给定消费者偏好时 i 地区内 M 部门商品的竞争程度。此外，S_i 的使用避免了根据没有实证检验证明的价格指数的 $(1-\sigma)$ 次幂 $P_i^{1-\sigma}$ 导出工资方程。基于以上分析，本书在推导工资过程中使用 S_i 代替 $P_i^{1-\sigma}$。

假设商品在不同地区间发生贸易会产生运输成本，运输成本采用 von Thünen (1826) 和 Samuelson (1952) 引入的"冰山"形式①。具体而言，把 1 单位 j 地所生产商品运送到 i 地区，那么只有其中一部分（即 $1/T_{ij}$）能够到达，其余部分在运输途中损耗掉了。因此要使有 1 单位 j 地所生产商品能运送到 i 地区，在 j 地区必须装运 T_{ij} 单位的该商品。设 j 地区所生产商品的出厂价或离岸（free on board）价格为 p_j，那么该商品在消费地 i 的交货价就是 $p_{ijt} = p_{it}T_{ij}$。把 $p_{ji} = p_j T_{ij}$ 代入式（3.6），可得 i 地区对 j 地区所生产商品的有效需求：

$$m_{ji} = T_{ij} m_{ji}^* = T_{ij}^{1-\sigma} p_{ji}^{-\sigma} \frac{E_i}{S_i} \tag{3.8}$$

根据式（3.8），所有地区对 j 地所生产商品的总需求为：

$$m_j = \sum_{i=1}^{R} m_{ji} = p_j^{-\sigma} \sum_{i=1}^{R} \frac{T_{ij}^{1-\sigma} E_i}{S_i} = p_j^{-\sigma} RMP_j \tag{3.9}$$

其中 RMP_j 表示后面将讨论的 j 地区的"实际市场潜力"（Real Market Potential, RMP）。因为假设每种商品之间的替代弹性 $\sigma > 1$，对各地区都成立，每种商品的总需求函数具有式（3.9）的形式，所以在式（3.9）中，每种商品的总需求对出厂价的弹性是一致的，等于商品之间的替代弹性 σ，而不受消费者的地区分布影响。任何地区的企业都具有相同的总需求价格弹性，每个地区的生产者选择一个出厂价，而不能直接决定每个消费地的具体交货价。然而，Anderson (2010) 和 Martin (2012) 的实证研究结果并不支持该推论。因此，Baldwin 等 (2003) 指出，Dixit-Stiglitz 的 CES 效用函数和垄断竞争模型的"冰山"运输成本是新经济地理学理论框架的优势，同时也是新经济地理学模型的一个缺陷。

根据式（3.9），j 地区生产者面临的总需求和实际市场潜力 RMP_j 正相关。RMP_j 取决于两个要素：j 地区生产的商品在 i 地区面临的竞争指数 S_i，以及 i 地区和 j 地区之间的运输成本 $T_{ij}^{1-\sigma}$。根据式（3.9），j 地区的实际市场潜力 RMP_j 可表示为：

---

① "冰山"运输成本是由 Samuelson (1952) 正式提出的，但早在 1826 年，Von Thünen 提出的模型中就假设谷物运输成本主要是由拉车的马在路上消耗的谷物构成的。因此，也可以把 Von Thünen 看成是"冰山"运输成本的先驱。

$$\mathrm{RMP}_j = \sum_{i=1}^{R} \frac{T_{ij}^{1-\sigma} E_i}{S_i} = \sum_{i=1}^{R} E_i T_{ij}^{1-\sigma} P_i^{\sigma-1} \qquad (3.10)$$

Redding 和 Venables（2004）称 $\sum_{i=1}^{R} \frac{T_{ij}^{1-\sigma} E_i}{S_i}$ 项为"市场准入"（market access），Head 和 Mayer（2004a）称其为"Krugman 市场潜力"（Krugman market potential）。"实际市场潜力"是 Head 和 Mayer（2006）提出的概念，他们相应地把 Harris（1954）意义上的市场潜力 $\sum_{i=1}^{R} T_{ij}^{1-\sigma} E_i$ 称为"名义市场潜力"（nominal market potential），当假设 $S_i = 1$ 时，两者等价。

由 Head 和 Mayer（2006）提出的"实际市场潜力"的名称具有一定的误导性。式（3.10）将名义货币价值的大小除以竞争指数 S_i，以获得大小的"实际"值。但是 $S_i = P_i^{1-\sigma}$ 的价格指数项 P_i 具有负的幂指数，即实际市场潜力值与价格指数变化方向相同。另外，在实证文献中，通常做法是用货币的实际值来表示支出 E_i，这时"实际"一词的意义变得更加混乱。

然而 Head 和 Mayer（2006）对式（3.10）使用"实际市场潜力"的名称也有两个优点。一方面，该名称结合价格指数与经济地理要素，实现了 Fujita（1999）强调的从旧式的区域经济学到新经济地理学的连续性；另一方面，Head 和 Mayer（2011）认为，该名称避免了与世界贸易组织（WTO）对市场准入的定义"成员对特定商品进入其市场所实施的关税和非关税措施"相混淆。鉴于实际市场潜力仍然是一个具有误导性的名称，Ascani 等（2012）称其为"模型衍生"或"新经济地理学意义上"的市场潜力。由于本书需要探讨是否包含价格指数或竞争指数对实证结果的影响，因此采用 Head 和 Mayer（2006）提出的实际市场潜力的名称。

3.1.3 生产者行为与工资方程

Fujita 等（1999）提出的新经济地理学基准模型沿用了 Krugman（1980）对 M 部门生产者的基本假设：生产中只有一种要素投入即劳动；商品生产存在规模经济，且规模经济只在商品种类水平上存在，不考虑范围经济（economies of scope）和协作经济（economies of multi-plant operation）；要素投入包括固定投入和边际投入，因此 M 部门存在规模报酬递增；由于规模报酬递增、消费者对商品多样性的偏好和潜在商品种类的数量无限多，没有生产者会选择生产另一家生产者所生产的同种商品。这意味着每个种类的商品只能由一个专业化生产者在一

第3章 理论基础

个地区生产,因此现有生产者的数量与可获得的商品种类数量相同。

本书参考 Redding 和 Venables(2004)在以上 M 部门生产者的基本假设基础上作了改进。以复合性要素投入 F_j 代替劳动投入,并假设 j 地区具有异质性的复合性要素 F_j 的边际产出 A_j 来反映技术水平,则 j 地区 M 部门的生产函数为:

$$m_j = A_j F_j \tag{3.11}$$

设 q_j 为复合性要素 F_j 的名义价格,则 M 部门生产者的成本为:

$$C_j = q_j A_j m_j \tag{3.12}$$

式(3.12)与 Redding 和 Venables(2004)对成本函数的定义具有一致性。由式(3.12)可知,在有效需求 m_j 给定的情况下,生产者的边际成本为 $MC_j = q_j A_j$。参考 Head 和 Mayer(2004b)的做法,可以通过边际成本推导出工资方程。j 地区 M 部门的生产者总收入为 $p_j m_j$,因此其利润函数为:

$$\pi_j = p_j m_j - MC_j m_j \tag{3.13}$$

式(3.13)中的有效需求 m_j 由式(3.9)给出。在生产者面临的每个地区竞争指数 M_i 和实际市场潜力 RMP_j 给定的情况下,生产者利润最大化问题的一阶条件可表示为最优商品定价和边际成本之间的关系:

$$p_j = \frac{\sigma}{\sigma - 1} MC_j \tag{3.14}$$

把式(3.14)代入式(3.13),可得最优商品定价下生产者的利润为:

$$\pi_j = \frac{1}{\sigma - 1} MC_j m_j \tag{3.15}$$

把式(3.14)代入式(3.9),可得最优商品定价下的生产者的产出为:

$$m_j = \left(\frac{\sigma}{\sigma - 1}\right)^{-\sigma} MC_j^{-\sigma} RMP_j \tag{3.16}$$

把式(3.16)代入式(3.15),则可以把生产者的利润也表示为实际市场潜力的函数:

$$\pi_j = \frac{(\sigma - 1)^{\sigma - 1}}{\sigma^\sigma} MC_j^{1-\sigma} RMP_j \tag{3.17}$$

式(3.17)表示的利润函数和 Combes 等(2008)推导出的利润函数相似。因为包含 RMP_j,所以式(3.17)收集了两种新经济地理学中的典型效应:一方面，需求量较大的地区相对贸易成本较低，因此生产者从需求量较大的地区获得的利润较高，这种"向心力"解释了一些特定产业在特定地区集聚的原因；另一方面，竞争指数高的地区对商品的需求量较小，这种对促使产业扩散的"离心力"形成了对 M 部门利润的调节效应。

把式（3.17）表示的利润函数转化为工资方程需要加上一个 M 部门的市场均衡条件，即生产者可以自由进入或退出，以使长期利润保持为零，或者参考 Redding 和 Venables（2004），不强加该零利润条件，而是计算生产者盈亏平衡的产量，以及企业负担得起的最高要素报酬。Hanson（2005）采取了第二种做法，把工资方程表达为区域劳动需求函数，而这种做法偏离了本书区域收入空间依赖的研究目标，因此本书采取第一种做法。

当满足零利润条件时，由式（3.15）可得利润为零时的产量 $\bar{m}_j$。根据有效需求函数（3.9），j 地区的生产者达到产量 $\bar{m}_j$ 及收支相抵时的商品价格满足：

$$p_j^\sigma = \frac{1}{\bar{m}_j} RMP_j \tag{3.18}$$

把式（3.14）代入式（3.18），可以得到实际市场潜力作为解释变量的边际成本函数：

$$MC_j = \frac{\sigma - 1}{\sigma} \left(\frac{1}{\bar{m}_j} RMP_j \right)^{\frac{1}{\sigma}} \tag{3.19}$$

由于边际成本 $MC_j = q_j A_j$，式（3.19）体现了由实际市场潜力决定的复合要素价格，从这种意义上来说，式（3.19）可视为新经济地理学工资方程更一般化的形式。

在 Dixit-Stiglitz 模型中，所有规模效应通过商品种类的变化产生作用。生产者并不通过扩大生产规模以利用市场优势，因为生产者在解决利润最大化问题（3.13）时，假设他们面临的竞争指数 S_i 是给定的，这是一种非策略性行为，再加上各种商品需求替代弹性不变的假设，两者共同作用的结果就是前面的结论。如果放松非策略性行为的假设，即所有生产者都意识到自己的选择可能会影响价格指数，这种意识通常会使生产者降低产量，提高边际价格成本（price-cost margin）。如果采用一种特定的合作寡头垄断形式，如 Cournot 或 Bertrand 竞争，那么就能得到具体的策略性定价表达式。Smith 和 Venables（1988）的研究表明，在这两种竞争下，边际价格成本是每个生产者的递减函数。在这些假定条件下，市场规模的扩大会促进竞争，引起更多生产者进入，从而降低了边际价格成本，

第3章 理论基础

使生产者必须以更大的规模（更低的平均成本）进行生产以保持收支相抵。而本书参照 Fujita 等（1999）忽略这种促进竞争效应，通过假设成本加成定价和生产者的非策略性行为，在较大程度上简化了分析过程。

3.1.4 均衡的确定

以上模型的均衡由能够同时满足消费方程（3.2）、市场潜力方程（3.10）、工资方程（3.19）和 3.1.2 节的消费者收支平衡条件 $MC_j = Y_j = E_j$ 来确定。Fujita 等（1999）指出，这些方程的一般解难以找到，而他们通过数值模拟一个仅含两地区、C 部门在两地区间平均分布的特例，得到了"核心—边缘"空间经济模式的形成机制。

Fujita 等（1999）建立新经济地理学模型的目的是用均衡解的特例来解释"核心—边缘"空间经济模式的形成机制，而由此推导出的均衡状态下的工资方程却被学者们广泛关注和使用。Krugman（1980）在新经济地理学模型建立的基本假设中，假设各地的技术水平 A_j 都相同，且生产者只需要投入一种要素即劳动，要素禀赋和要素市场出清条件决定每个地区的产出水平 $\bar{m}$ 和支出 E_i，进而决定每个地区的竞争指数 S_i，因此得到的式（3.19）左端即工资，从而式（3.19）被称为工资方程。实际上，式（3.19）由式（3.18）推导而来，因此 Baldwin 等（2003）更倾向于把式（3.19）称为市场出清条件。

根据 Fujita 等（1999）推导的新经济地理学工资方程的推论，均衡状态下的"核心—边缘"空间经济结构中，边缘地区和核心地区之间有一定的空间距离，导致边缘地区在空间经济关联作用下通常具有较低收入。这种空间经济关联在空间计量经济学中被表达为区域收入的空间依赖，在新经济地理学工资方程中可由市场潜力变量的系数来获取。空间经济结构中的边缘地区市场潜力较低，即这些地区对国内主要市场的准入程度较低，在区域收入对市场潜力的依赖作用下，边缘地区的收入也处于较低水平。

3.1.5 新经济地理学模型的扩展

Fujita 等（1999）建立新经济地理学模型的目的在于设置经济集聚的机制，因而对模型作了大量特定假设，使模型在被用于其他研究目的时并不合适。之后的研究以 Fujita 等（1999）的新经济地理学模型为基准作了大量扩展，其中应用最广的扩展是资本要素的引入。Redding 和 Venables（2004）对新经济地理学模型的扩展中，劳动并非唯一的生产要素，而是作为一种不可流动要素和其他可流动要素一起投入生产，并把研究问题转化为：在 E_i、S_i、消费者和生产者的空间位置外生给定情况下，各地垄断竞争部门的工资是多少？这个问题更类似于在给定的经济地理条件下区域收入的空间依赖问题，且在这种假设下式（3.19）左端变成了以劳动为代表的不可流动要素的价格，右端的实际市场潜力 RMP_j 代表外生的经济地理因素，从而使工资方程更适用于区域收入空间依赖的实证研究。

Redding 和 Venables（2004）把私人资本 k_j 和劳动 n_j 以规模报酬不变的形式引入 Cobb-Douglas 生产函数，即 $F_j = k_j^\alpha n_j^{1-\alpha}$，并设资本的价格为利率 r_j，劳动的价格为工资 ω_j，复合性要素 F_j 的名义价格 $q_j = r_j^\alpha \omega_j^{1-\alpha}$，则边际成本 $MC_j = r_j^\alpha \omega_j^{1-\alpha} A_j$。进一步把私人资本 k_j 延伸为可流动要素，而把劳动 n_j 延伸为不可流动要素，同样把两种要素以规模报酬不变的 Cobb-Douglas 形式引入生产函数，则 Redding 和 Venables（2004）定义的不可流动要素的价格为：

$$y_j = \left[\frac{\sigma-1}{\sigma} \left(\frac{1}{\bar{m}} RMP_j \right)^{\frac{1}{\sigma}} r_j^{-\alpha} A_j \right]^{\frac{1}{1-\alpha}} \tag{3.20}$$

如果以劳动来代表不可流动要素，则式（3.20）就是 Redding 和 Venables（2004）意义上的工资方程。如果假设 r_j 是一种可流动生产要素的价格，在各地区间都相等，即 $r_j = r$，式（3.20）就转化成由新经济地理学扩展出的自由资本（footloose capital）模型工资方程。

除自由资本模型之外，现有文献基于不同研究目的和不同假设条件，对新经济地理学模型又进行了多种扩展，从而得到了不同扩展模型下的工资方程。这些扩展多数是以 Fujita 等（1999）的新经济地理学模型为基准，从生产者行为切入，对中间商品、单一生产要素和随时间不变的同质性技术水平的基准假设进行变换。其中，Redding 和 Venables（2004）加入了中间产品和外生技术进步；Head 和 Mayer（2004a）、Faína 和 López-Rodríguez（2004）、Head 和 Mayer（2006）加入了可流动生产要素并考虑了异质性技术水平；Fingleton（2008）、Fingleton 和 Fischer（2010）、Bruna（2014）加入了人力资本，并考虑了内生的技术进步，在一定意义上把新经济地理学理论和新增长理论进行了融合。表 3.1 以式（3.20）的工资方程为基准形式，总结了一些常见的工资方程的扩展形式。

表3.1　　一些常见的新经济地理学工资方程的扩展形式

研究者	研究时间	α	r_j^α	A_j
Fujita 等	1999	0	1	A

第3章 理论基础

续表

研究者	研究时间	α	r_j^α	A_j
Redding 和 Venables	2004	α	$u_j^\omega P_j^{\alpha-\omega}$	A_t
Head 和 Mayer, Faína 和 López-Rodríguez	2004	α	r_j^0	A_j
Head 和 Mayer	2006	0	r_j^α	A_j
Fingleton	2008	0	1	$Ae^{(1-\alpha)h_j}$
Fingleton 和 Fischer	2010	0	1	$h_j^{1-\alpha}$
Bruna	2014	α	r_j^α	$Ak_j^\alpha h_j^{1-\alpha}$

注：根据各研究的假设，A 表示各地固定不变的同质性技术水平，A_t 表示各地的同质性技术水平时间序列，u_j 表示中间商品的价格；ω 表示中间商品的产出份额。

由表 3.1 可知，现有基于新经济地理学的理论研究通常在生产要素和技术水平等方面对生产函数加以改进，得到新经济地理学工资方程的扩展形式，其重点关注领域在生产者行为上。而在中国区域经济战略背景下，政府以基础设施建设为主的公共支出成为区域收入增长的重要影响因素，为了在研究中引入对政府部门行为的考量，有必要对生产函数引入基础设施等生产要素进行相应的改进。

3.2 空间计量经济学

空间计量经济学是一系列空间数据分析技术在经济学领域的应用。部分学者把空间计量经济学归为计量经济学的一个分支，而从起源来讲，空间数据分析技术起源于地图制图学和测量学，空间计量经济学是空间数据分析和计量经济学的交叉领域。一般来说，计量经济学与其他统计学分支不同，其重点在于实证模型，模型参数通常使用回归分析进行估计。空间计量经济学可看作计量经济学的一种细化，它同样注重实证模型的建立问题，而其实证模型涉及不同单元之间的相互作用，或者说样本数据不是真正独立的。空间计量经济学的理论基础包括空间经济数据、空间权重、空间自相关和空间计量模型。

3.2.1 空间经济数据和空间权重矩阵

对于空间经济现象或空间经济活动涉及的空间单元，一般用两个属性去刻画：一是空间属性，即它们的空间位置和几何形态；二是特征属性，即描述它们的各种定性和定量指标。因此，空间数据通常用带有一个下标的字母表示，在本书中即区域收入 y_i，其中 y 即收入的定量指标，反映区域收入数据的特征属性；i 即 i 地区地理位置的定性指标，反映区域收入数据的空间属性。这两个属性构成了空间经济数据的主要组成部分。其中空间单元的位置和几何形态的确定涉及可变面元问题（modifiable areal unit problem），即基于某一层面的区域数据得到的研究结论不一定适用于其他层面上，在此不作详细讨论。本书仅基于数据的可得性，确定所研究的数据为省级层面的中国区域收入数据，因此每个省级行政区称为一个区域。在计算各区域的位置坐标及区域间的距离时，均以各省级行政中心作为该区域的中心。

空间权重矩阵通过各空间单元间的邻近关系，是一种研究空间范围的空间结构关系的表达。若研究空间范围内有 n 个空间单元，则空间权重矩阵 W 为一个 n×n 矩阵。W 的元素 w_{ij} 衡量区域间的空间邻近关系，其确定方法分为两类，即基于地理位置和基于社会经济距离来确定。

基于地理位置来确定 w_{ij} 的方法又可分为两类：基于空间相邻关系和基于空间距离关系来确定 w_{ij}。由于中国各省级行政区的几何形态严重不规则，在考察区域间相邻关系时使用 Queen 相邻关系，即两个区域有共同边界或共同顶点，则认为它们相邻。此外，通常假设海南省与广东省、广西壮族自治区相邻，以便在使用空间相邻权重时保持海南省在空间上不独立。根据空间相邻关系确定的空间权重矩阵 W 为一个二元矩阵，其元素 w_{ij} 为：

$$w_{ij} = \begin{cases} 1, i\text{ 与 }j\text{ 相邻且 }i\neq j \\ 0, i\text{ 与 }j\text{ 不相邻或 }i=j \end{cases} \quad (3.21)$$

除了反映空间相邻关系的二元空间相邻矩阵之外，空间权重矩阵还可以根据各区域间的距离来确定。一种方式为根据门槛距离（threshold distance）来确定两区域的空间权重，即 i 和 j 两区域之间的距离小于门槛距离时，则 $w_{ij}=1$，否则 $w_{ij}=0$。但是，基于门槛距离的空间权重矩阵通常会导致不平衡的空间邻近矩阵结构，在空间单元的面积相差较大的情况下，就会出现一些小的地理单元有许多邻居，而大的地理单元则很少有邻居或没有邻居的情况。基于这个原因，

第3章 理论基础

Anselin（2003）提出了一种考虑 K 个最近邻域的空间权重矩阵（K-nearest neighbor spatial weight matrix），即将距离最近的 K 个区域设为自己的邻域。研究者通常根据研究的实际情况确定 K 的大小。当 K 小于最小邻域个数时，各区域的邻域个数相等；当 K 大于最小邻域个数时，各区域的邻域个数不超过 K 个。

研究中通常使用的距离有两种形式：欧氏距离和最短路线距离。欧氏距离指两个区域省级行政中心之间的直线距离。欧氏距离与选定交通运输方法的最短路线距离，可基于国家基础地理信息系统的 1∶4000000 地形数据库使用 ArcGIS 软件测量得到，或直接使用 Google Earth 软件测量得到。根据相邻关系确定的空间权重矩阵因其对称与测量方法简单而最为常用。此外，使用绝对距离确定的空间权重矩阵的元素 w_{ij} 为：

$$w_{ij} = f(d_{ij}) \tag{3.22}$$

其中 f 是减函数，且当 i = j 时，d_{ij} 表示区域内部距离。通常，该函数具有以下形式：

$$w_{ij} = \frac{1}{d_{ij}^{\varpi}} \tag{3.23}$$

其中 ϖ 是外生决定的参数，相关文献中通常考察 $\varpi = 1$ 和 $\varpi = 2$ 时的情形。此外，f 还有 $\exp(-\varpi d_{ij})$ 和 $[1 - (d_{ij}/d)^{\varpi}]^{\varpi}$（其中 d 为研究范围内区域间距离的最大值）等形式，w_{ij} 的确定方法还有共享边界占总边界的比例等。对空间权重矩阵通常作行标准化处理，使每行元素的和为 1，其中行标准化处理方法为 $w_{ij}^* = w_{ij} / \sum_{j=1}^{n} w_{ij}$。这种情况下空间数据之间的特征属性依赖于相对位置或相对距离，而不是绝对位置或绝对距离。

除了使用地理位置设定的空间权重矩阵外，还有包括经济和社会等因素的较为复杂的权重矩阵设定方法，例如，基于通讯距离、经济结构相似度距离、制度距离或文化相似度距离等来确定空间权重矩阵的方法。对于空间权重矩阵的选择，目前研究并没有完善的理论可供参考，但空间权重矩阵的选择会对实证研究结果产生一定影响。本书采用通常做法，使用地理位置设定空间权重矩阵，并在 4.3.1 小节尝试使用不同的空间权重矩阵进行分析，并讨论这些空间权重矩阵的选择对分析结果的影响。

3.2.2 空间自相关和空间依赖

基于 Tobler（1970）提出的地理学第一定律，随着相隔距离的不同，所有空间单元的某属性值之间或多或少都存在着一定的相关性或关联性,在空间数据分析中称其为空间自相关(spatial autocorrelation)。

在实证研究中,空间自相关不会影响推断统计中参数的估计的准确性,但会影响假设检验的结论。具体而言,对于变量之间的关系真实与否,也就是说在判断关系统计量的统计学显著水平时,空间自相关的存在可能导致错误的结论。这是因为,空间自相关实际上等于大量样本数据彼此之间都存在相关性,使用普通最小二乘估计时就会高估变量之间的关系(使实际上不显著的统计量在估计结果中显示为显著)。

在空间数据分析中,空间自相关研究具有较长的历史,其中影响最大的研究是测度空间自相关水平的指标——Moran's I 的引入。由于该统计量具有较好的小样本性质,至今仍被广泛应用。Cliff 和 Ord(1969)通过引入 Moran's I 统计量,建立了空间自相关检验的理论框架,该检验的原假设为 $H_0: Y = X\beta + \varepsilon$,其中 ε 是服从均值为 0 的正态分布的残差。如果原假设成立,可用普通最小二乘估计法估计模型,得到一个估计残差 e,如果怀疑 e 存在空间权重矩阵 W 下的空间自相关,则可以构造一个模型 $We = eI_M + o$,其中 o 是服从均值为 0 的正态分布的残差向量。通过普通最小二乘估计法得到 I_M 的估计量,即 Moran(1950)提出的 Moran's I 统计量:

$$I_M = \frac{n\sum_{i=1}^{n}\sum_{j=1}^{n}w_{ij}(e_i - \bar{e})(e_j - \bar{e})}{(\sum_{i=1}^{n}\sum_{j=1}^{n}w_{ij})\sum_{i=1}^{n}(e_i - \bar{e})^2} \quad (3.24)$$

如果原假设成立,则有 $E(I_M) = 0$。该检验称为 Moran's I 检验。除残差 e 外,Moran's I 统计量也可用来测度其他变量的空间自相关。Moran's I 的取值范围为 $-1 \leq I_M \leq 1$,I_M 越接近 1,表示空间数据的空间正相关程度越强,I_M 越接近 -1,表示空间数据的空间负相关程度越强,I_M 接近。则表示空间数据不存在空间自相关。

除 Moran's I 之外,测度空间自相关的方法有许多种,最常用的有:Join Count、Geary's C 和 Getis-Ord G 等指标。这些指标以及式(3.24)计算的 Moran's I 统计量适用于相关关系相对平稳的空间中,又被称为全域型空间自相关(gobal spatial autocorrelation)指标。然而现实中的空间相关关系常常是不平稳的,尤其当样本量较大时,空间平稳性就难以保持。全域型空间自相关指标的功能在于判断某现象在空间上是否有聚集特性存在,但其并不能确切地指出聚集在哪些地区。根据 Anselin(1995)提出的空间关联局部指标(local indicators of spatial association，简称 LISA）方法论，局域型空间自相关（local spatial autocorrelation）指标的功能是用以推算出聚集地（spatial hotspot）的范围，借由统计显著性检验方法，检验聚集空间单元相对于整体研究范围而言其空间自相关是否显著，若显著则该聚集空间单元是某现象空间聚集的地区。根据 LISA 方法论，Moran's I、Join Count、Geary's C 和 Getis-Ord G 等空间自相关指标均有相对应的局域型空间自相关指标，全域型指标的方法应用于识别所有空间单元之间的平均相关程度及显著性，而局域型指标的方法应用于识别随空间位置不同而可能存在的不同空间关联模式。

在空间计量经济学中，空间依赖是空间经济联系的表现形式。空间依赖表示邻近区域间同一属性值或不同属性值有相互依赖的倾向，且与区域距离越远的越不依赖。"依赖"表示一个属性值随其邻近区域的同一属性值或不同属性值变化而变化，这个概念和空间计量经济学中的空间相关性又有所区别，空间相关性是指同一属性值在空间上邻近者会比空间距离较远者更为依赖。

空间依赖的特征会因不同时间和不同地点测量而有所不同。就空间单元而言，无论在地图上哪个地方，当该空间依赖的特征都相同时，称为空间依赖的结构稳定（stationary），反之，当空间依赖的结构随着地图上的坐标变化而异时，称为空间依赖的结构不稳定（non-stationary），或者称为空间依赖结构具有异质性。

相对于时间是单一方向的连续，过去的时间会影响未来，但是未来只能影响现在，空间依赖来自两个维度的延伸，当空间依赖结构沿着两轴相同时则称为等向的（isotropic）空间依赖结构，反之则为非等向（non-isotropic/anisotropic）的空间依赖结构。Robert（2003）认为，空间依赖会随空间的不同而有差异，因此空间计量技术需要不同的量化方式，此外，空间依赖的时间变化趋势及政策含义也值得深入探讨。

3.2.3 空间计量模型

如果使用相关指标测得的空间自相关水平为显著，那么在实证研究中就应该对空间自相关问题加以考虑，通常做法是运用以 Anselin（1988a）为代表整理出的空间计量经济学模型来估计空间依赖。空间计量模型有多种，最基本的模型有空间滞后模型（spatial lag model）和空间误差模型（spatial error model）两种模型。

空间滞后模型用来获取被解释变量之间的空间依赖作用，该模型也被称为空间自回归模型（spatial autoregressive model）。空间滞后模型的矩阵形式为：

$$y = \beta_1 Wy + X\beta + u \tag{3.25}$$

其中，y 为 $n \times 1$ 被解释变量向量，其中 n 为区域个数；Wy 为被解释变量的空间滞后项，是一内生变量，其系数 β_1 反映了区域间的空间依赖。X 为 $n \times l$ 无空间自相关的解释变量矩阵，包括截距项，其中 l 等于解释变量个数加上 1，X 矩阵的第 1 列全为 1；β 为这些解释变量的 $l \times 1$ 系数向量；u 为服从均值为 0 的正态分布的 $n \times 1$ 残差向量。

空间误差模型用来获取除被解释变量之外的误差项之间的空间依赖作用，该模型也被称为空间自相关模型（spatial autocorrelation model）。空间误差模型的矩阵形式为：

$$\begin{cases} y = X\beta + u \\ u = \lambda Wu + \varepsilon \end{cases} \tag{3.26}$$

其中，ε 是服从均值为 0 的正态分布的 $n \times 1$ 残差向量，y、X 和 β 的设定与式（3.25）中的设定一致。

如果被解释变量之间以及误差项之间分别存在空间依赖作用，结合式（3.25）和式（3.26）可得到空间联合模型（general spatial model）。空间联合模型的矩阵形式为：

$$\begin{cases} y = \beta_1 W_1 y + X\beta + u \\ u = \lambda W_2 u + \varepsilon \end{cases} \tag{3.27}$$

其中，y、X、β 和 ε 的设定与式（3.26）中的设定一致。空间权重矩阵 W_1 和 W_2 可以相同，也可以不同。在空间计量经济学模型实证分析中，一般需要先通过 Moran's I 来检验数据间是否存在空间自相关。检验出空间自相关后，可用拉格朗日乘数（lagrange multiplier，LM）检验和稳健拉格朗日乘数（robust lagrange multiplier，RLM）检验来选择合适的空间计量模型。被解释变量空间依赖的 LM 检验和 RLM 检验的原假设是式（3.25）中的 $\beta_1 = 0$，误差项空间自相关的 LM 检验和 RLM 检验的原假设是式（3.26）中的 $\lambda = 0$。李子奈和叶阿忠（2012）总结了 Burridge(1980) 提出的误差项空间自相关的 LM 检验统计量 LM(error) 以及误差项空间自相关的 RLM 检验统计量 RLM(error)、Anselin(1988b) 提出的被解释变量空间依赖的 LM 检验统计量 LM(lag)、Bera 和 Yoon(1992) 提出的被解释变量空间依赖的 RLM 检验统计量 RLM(lag)，本书限于篇幅不再具体列出。如果以上任何一项检验的 p 值接近 0，则意味着该项检验的统计量是显著的,接受包含空间依赖的备择假设。

根据 Florax 等(2003)的决策规则,如果被解释变量空间依赖的 LM 检验统计量 LM(lag)更加显著,则可以断定空间滞后模型是合适的;如果误差项空间自相关的 LM 检验统计量 LM(error)更加显著,则可以断定空间误差模型是合适的;如果被解释变量空间依赖的 LM 检验和误差项空间自相关的 LM 检验统计量显著性相同,则类似地用 RLM 检验来确定合适的模型形式。如果被解释变量空间依赖的 LM 检验和误差项空间自相关的 LM 检验统计量都不显著,则使用最小二乘估计法就能得到一致估计量。如果被解释变量空间依赖的 LM 检验和误差项空间自相关的 LM 检验统计量都显著,则适用空间联合模型。

3.3 区域收入和空间依赖的概念界定

现有研究通常根据研究目的或研究对象的不同来定义区域收入。本书基于有利于实证研究结果经济意义解释的角度以及有利于实证研究结果获取的角度,从变量形式、指标选取和产业跨度三方面来规范本书所使用的区域收入概念。

收入通常包括工资、商业和财产收入、股息、利息和社会福利。在使用新经济地理理论模型进行实证研究时,若仅考虑新经济地理学模型设定的生产要素边际产出或边际成本,以工资或工资与利息之和作为区域收入的全部组成部分,忽视其他有助于个人整体生活水平的部分,如转移支付和非现金收入(如使用公司宿舍、补贴购物券、食品等),就会增强实证研究中内生性的影响,造成实证结果有偏或存在多种可能的解释,因为这些非要素收入通常和要素收入所依赖的市场潜力是相关的。除模型设定缺乏严谨性之外,3.3.1 节还讨论了新经济地理学在实证研究上的局限性,以及空间计量经济学在经济意义解释上的局限性。

此外,Kusnic 和 DaVanzo(1980)的研究表明,产业跨度和区域尺度的规范会对变量之间的相关性产生影响,从而也会对实证研究结果产生影响。对于来自不同产业层面划分或区域尺度划分的数据进行实证研究时,得到的结果会有差异。一般来说,基于较粗划分的产业(如三大产业)或较大地理单元(如中国统计局网站划分的中国三大经济带)的变量相关性,通常强于基于较细划分的产业(如中国统计局网站的 4 位数国民经济行业分类)或较小地理单元(如地级市)的变量相关性。为使结果便于观察与分析,本书根据中国统计局网站划分的中国三大经济带,对三大产业层面收入数据的空间分布趋势进行讨论,以界定本研究中区域收入的概念。

3.3.1 两种理论框架的局限性

Fujita 等(1999)创立的新经济地理学理论框架用于实证研究时,存在对以下具体问题处理过于粗糙的缺点:(1)对垄断竞争部门和完全竞争部门的定义;(2)对各部门固定投入要素的定义;(3)生产要素单一化的假设;(4)合适的样本期以及估计技术;(5)在工资方程中可测量变量之间的可估计关系基础上的经济集聚替代来源;(6)在实证研究中确定要素价格和控制变量的技术差异的作用;(7)运输成本随距离变小的衰减参数和衰减形式在市场潜力测度中的作用。

虽然计量经济学相较于其他统计学分支更重视理论模型的建立,且空间计量经济学模型的理论基础为地理学第一定律,即认为各地区的经济变量由于空间位置的临近受到相邻地区经济变量的影响,但相较于新经济地理学而言,这种理论模型仍缺乏相应的微观经济基础。空间滞后模型类似于时间序列方法中的向量自回归模型,而向量自回归模型由于缺乏经济理论基础,被称为"乏理论"模型。虽然在实证方面应用较广泛且取得了较多的探索性成果,空间计量经济学模型对现实经济中全域的"核心—边缘"空间经济模式及空间依赖来源与内涵仍缺乏解释力。

3.3.2 区域收入的变量形式及指标选取

新经济地理学和空间计量经济学理论框架在以上实证方面或理论方面的局限性,所引起的问题最常见就是实证回归中被解释变量的形式及指标选取问题。Feldstein(2008)指出,在新经济地理学模型的市场出清条件中,工资等于劳动要素的边际产出,而在所有新经济地理学实证研究中都假设各地区劳动的边际产出相等。此外,在新经济地理学工资方程中,常规的被解释变量是垄断竞争部门的名义工资,然而对于该方程解释变量系数意义的解释却频繁涉及区域收入或经济活动的空间依赖,而非工资的空间依赖。由于数据缺失,多数实证研究使用人均收入或者劳均产出来表示垄断竞争部门工资,或者作为劳动要素边际产出的代理。

Redding(2013)认为,在目前的新经济地理学文献中,工资方程已经被广泛地表达为市场潜力与经济活动空间分布的关系,而不是 Krugman(1991)及其

第3章 理论基础

之后推导的制造业名义工资方程。因此，在部分基于工资方程的实证研究（如López-Rodríguez等（2009）、张文武和梁琦（2011））中，区域人均产业增加值被用作工资的代理变量。López-Rodríguez和Faina（2005）、Breinlich（2006）、陈长石等（2015）认为，相较于区域人均可支配收入，使用区域人均产业增加值作为工资的代理变量更为合适，因为区域人均产业增加值侧重点是经济增长而非生活水平差距，且与市场潜力变量之间不存在系统相关。Hanna（1957）对来自不同统计机构及不同时期的区域收入数据来源作了讨论，并未得到一个令人满意的适用于所有区域经济研究的区域收入定义，但确定了使用人均收入数据比使用总体收入更有利于实证结果的获取与经济意义的解释。

表3.2列出了一些通常被用作工资方程被解释变量的备选变量，并用经过对数处理后的中国2012年所有地区的截面数据计算了这些备选变量之间的相关系数。

表3.2　　　　　备选被解释变量之间的相关系数（2012年）

	GDPp	GVAp	GVAw	WAGEw	GVAwc	WAGEwc	GVAwp	WAGEwp
GDPp	1.00	0.99	0.89	0.81	0.73	0.80	0.76	0.73
GVAp	0.99	1.00	0.89	0.80	0.75	0.81	0.77	0.73
GVAw	0.89	0.89	1.00	0.91	0.80	0.85	0.92	0.87
WAGEw	0.81	0.8	0.91	1.00	0.69	0.86	0.86	0.96
GVAwc	0.73	0.75	0.8	0.69	1.00	0.81	0.58	0.61
WAGEwc	0.80	0.81	0.85	0.86	0.81	1.00	0.67	0.70
GVAwp	0.76	0.77	0.92	0.86	0.58	0.67	1.00	0.89
WAGEwp	0.73	0.73	0.87	0.96	0.61	0.70	0.89	1.00

注：GDPp表示人均国内生产总值，GVAp表示人均产业增加值，GVAw表示劳均产业增加值，WAGEw表示职工平均工资，GVAwc表示核心地区劳均产业增加值，WAGEwc表示核心地区职工平均工资，GVAwp表示边缘地区劳均产业增加值，WAGEwp表示边缘地区职工平均工资。核心地区和边缘地区的划分方法在5.4.1节给出。

由表3.2可知，多数备选被解释变量之间都具有较高的相关程度。但在核心地区和边缘地区之间，备选被解释变量的相关程度较低。Boulhol和De Serres（2010）、Carrère等（2013）的研究认为，发达地区和不发达地区的收入具有不同程度的空间依赖，把两类样本数据混合估计会造成区域收入空间依赖的估计偏差。表3.2的计算结果支持了该结论。而对于造成这种异质性的原因，现有文献并没有进一步深入探讨。而在本书第6章的研究中会看到，区域间全要素生产率（total factor productivity，TFP）的异质性和基础设施边际生产力异质性是造成区域收入空间依赖异质性的主要原因。由此可知，在估计区域收入空间依赖时，应把核心地区和边缘地区加以区分。而在表3.1中，相较于 WAGEwc 和 WAGEwcp 的相关系数，GVAwc 和 GVAwp 的相关系数更低，因此，使用区域人均产业增加值更有助于获取核心地区和边缘地区收入空间依赖的异质性。

此外，在新经济地理学工资方程中，解释变量市场潜力的结构为各地区收入的加权和。因此，区域人均产业增加值与市场潜力变量之间的关系更类似于空间计量经济学中被解释变量与其空间滞后的关系。因此，从有利于两种理论相结合时实证结果经济意义解释的角度来讲，应使用区域人均产业增加值作为被解释变量。

3.3.3 区域收入的产业部门跨度规范

由于新经济地理学理论假设较为松散，对垄断竞争部门 M 的定义由原始的制造业部门发展到非农产业部门、服务业部门和"现代"部门，在理论研究中并无一个统一的规范，而实证研究通常也根据自身研究需要来设定 M 部门的产业范围。本书假设理论模型中的经济体只包含一个 M 部门，实证研究中需要从产业跨度对该部门进行规范。本书研究对象为中国区域收入的空间依赖及其时变趋势，因此以更有利于空间依赖及其时变趋势的侦测与获取为目的，结合中国经济的实际情况，从三大产业层面来界定区域收入的范畴。

从样本数据角度来看，样本数据必须在时间维度上有一定的变异性且无异常值出现，以有利于实证研究结果的获取。为缩小中国改革开放以来形成的东西部地区经济差距，政府自1999年开始陆续实施了西部大开发、东北振兴和中部崛起等区域经济战略，并在2013年提出"丝绸之路经济带"对外经济战略构想，以带动中国中西部地区的经济发展。在这些区域经济战略开始实施后，中国的区域收入空间结构在21世纪初期开始出现明显转变，主要特征是东部地区收入份额由上升转为下降，中部和西部地区的收入份额由下降转为上升，这提供了全部产业的收入数据在时间维度上的变异性。但在 Fujita 等（1999）推导的新经济地理学工资方程中，被解释变量是制造业的名义工资，因此实证研究是否需要对第一产业和第三产业数据进行剔除有待探讨。

Fujita 等（1999）建立新经济地理学模型时假设完全竞争部门为农业部门，但同时说明没有必要拘泥于"农业"的字面含义，制造业部门是不完全竞争的，

第3章 理论基础

而且具有收益递增的特征,因此把农业部门看成是从事制造业之外生产活动的完全竞争部门。范剑勇(2006)、刘修岩等(2007)、谢长青和范剑勇(2012)基于工资方程的实证研究中,出于对新经济地理学模型原始意涵的实证检验目的以及数据可获得性,选取非农产业(包含第二产业和第三产业)的平均工资作为工资方程被解释变量。在目前的新经济地理学文献中,由于研究问题的需要,通常使用工资方程解释区域收入或经济活动的空间分布结构与空间依赖,因此工资方程已经被广泛地表达为市场潜力与各行业经济活动或收入的空间分布的关系。

在本书所考察的样本期1996~2015年内,中国的区域收入具有较大的时间上的变异性。中国统计局网站的中国东部、中部和西部分区方式在中国经济分区体系发展过程中相对稳定,因而以这个划分方案进行统计和分析的数据较为详细。以地区生产总值代表区域收入,按照中国统计局网站划分的中国东部、中部和西部三大地带生产总值份额在样本期内的变化如图3.1所示。

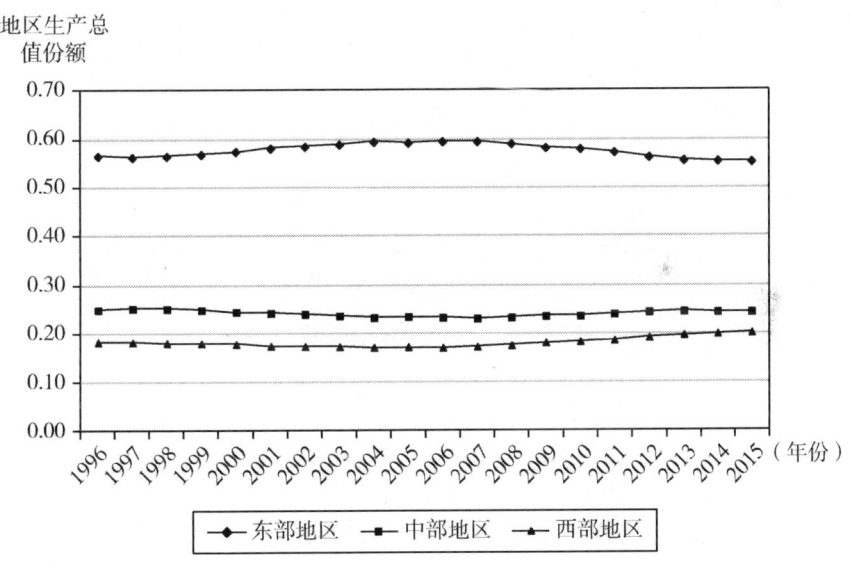

图 3.1　1996~2015 年中国三大地带生产总值份额演变

由图 3.1 可以看出,2007 年之前,东部地区生产总值份额处于上升趋势,占全国产业份额保持在 50% 以上,反映出东部地区在改革开放以来形成的中心经济区地位;中部地区和西部地区在 2007 年之前的生产总值份额均在 25% 上下浮动且有下降趋势,反映出中部地区和西部地区在改革开放以来形成的次中心经济区或边缘经济区地位。这种空间经济格局在 2007 年开始转变。2007 年之后,东部地区生产总值份额逐年下降;中部地区和西部地区生产总值份额逐年上升,且西部地区生产总值份额超过中部地区生产总值份额。虽然东部地区的中心地位和中西部地区的边缘地位没有改变,但是各地区生产总值份额的变化表明,区域经济战略引导下的空间经济联系已经发生改变,空间经济结构发展方向在2007年出现了转折。

区域生产总值份额虽然可在一定程度上反映空间经济结构,但是以其作为指标对中国区域收入空间分布结构及空间依赖变化进行描述时,结果较为笼统,且受到多种因素的干扰。这可以从产业层面上的产值占GDP比重和大地理范围的生产要素可流动性来解释。1996~2015年三大产业占GDP比重如图3.2所示。

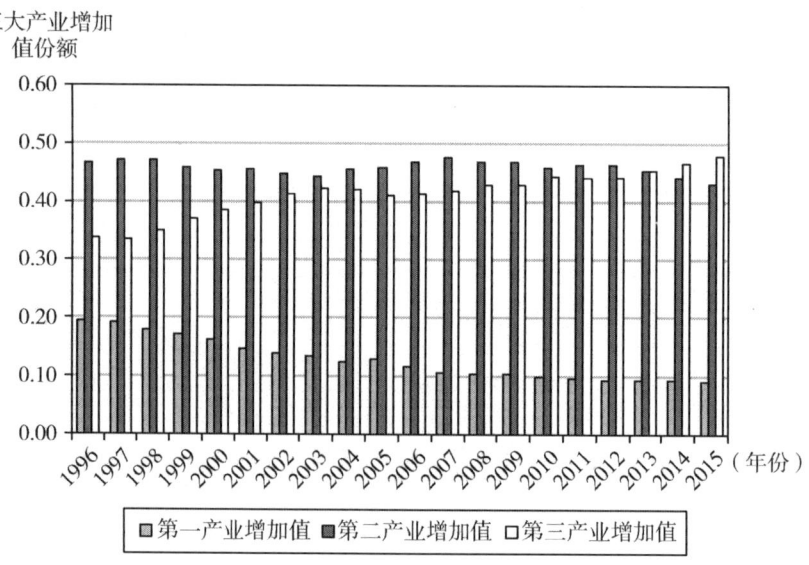

图 3.2　1996~2015 年中国三大产业增加值占 GDP 比重

从图3.2可知,中国第一产业占GDP比重长年处于20%以下且逐年下降。中国第一产业占经济比重历年来都比较小,且由于第一产业的生产要素如土地、气候和环境等具有在经济区域之间不可流动的自然属性,理论上难以发生大地理范围的生产要素流动。但是中国区域经济战略对中西部地区产生基础设施投资的倾斜,会降低包括第一产业在内的各种产品运输成本,提高其产品对其他地区的贸易量,提高本地区收入。此外,Fujita等(1999)对新经济地理学工资方程加入农业运输成本后,得到空间经济"核心—边缘"分布模式的推论,与只考虑制造业运输成本时的结论基本一致。因此,选取区域收入指标时需要考虑的问题

第3章 理论基础

是,加入对第一产业的考量,对于区域收入空间依赖研究来说有没有意义?是否徒增研究的干扰因素?

为考察中国第一产业的空间分布结构变化的实际情况,本书计算了1996~2015年三大经济地带第一产业增加值历年的份额,得到其在此期间的变化趋势,如图3.3所示。

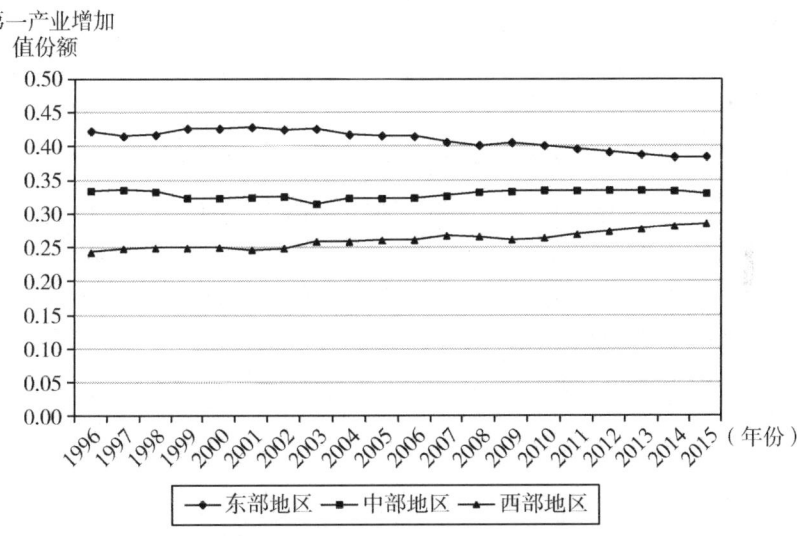

图3.3 1996~2015年中国三大地带第一产业增加值份额

从图3.3可以看出,1996~2015年西部地区第一产业增加值份额的上升趋势和东部地区第一产业增加值份额的下降趋势较为明显,表明三大经济地带第一产业增加值份额有向中部地区第一产业增加值份额收敛的倾向。这种收敛倾向表明样本期内第一产业的空间分布结构发生了明显变化,且不与三大产业生产总值的空间分布结构变化相矛盾。在Fujita等(1999)对新经济地理学模型中的生产函数假设中,劳动作为单一生产要素,这与中国第一产业属于劳动密集型的事实相符。基于以上分析,在研究区域收入的空间依赖时,不可省略对第一产业增加值的考量。

因为第二产业的主要生产要素如资本、技术等具有空间流动性或扩散性,具备产业空间转移或扩散的基本条件,所以第二产业增加值较第一产业增加值更容易发生空间分布趋势的变动。且根据范剑勇(2006)的研究可知,20世纪90年代中前期以来,中国产业结构出现第二产业份额居高不下、非农产业(特别是第二产业)向东部沿海地区集聚的特征。Fujita等(1999)提出的新经济地理学模型中的制造业部门为垄断竞争部门,符合中国第二产业的特征,新经济地理学工资方程描述的就是制造业部门或垄断竞争部门的工资。因此,三大产业生产总值的空间份额变化主要发生在第二产业增加值。

第三产业在中国发展起步较晚,发展程度尚且较低,虽然近年来中国第三产业份额迅速上升,且于2012年开始高于第二产业份额,但其主要在第二产业的基础上发展,且其行业市场主要集中在第二产业较发达的地区,因此其往往随第二产业的空间转移或扩散而发生空间转移或扩散。基于以上分析,在中国三大产业中,第二产业增加值和第三产业增加值的空间份额最具备随时间变化的条件与可能。

此外,从图3.2显示的三大产业比重来看,第二产业增加值和第三产业增加值占GDP的比重均远高于第一产业占GDP的比重,因此,如果第三产业的空间分布发生变化,其对三大产业生产总值的空间分布必将产生重大影响。基于上述第二产业和第三产业生产要素流动的条件以及其产业增加值占GDP比重的考量,对第二产业和第三产业的空间份额变化情况分别进行考察,如图3.4~图3.5所示。

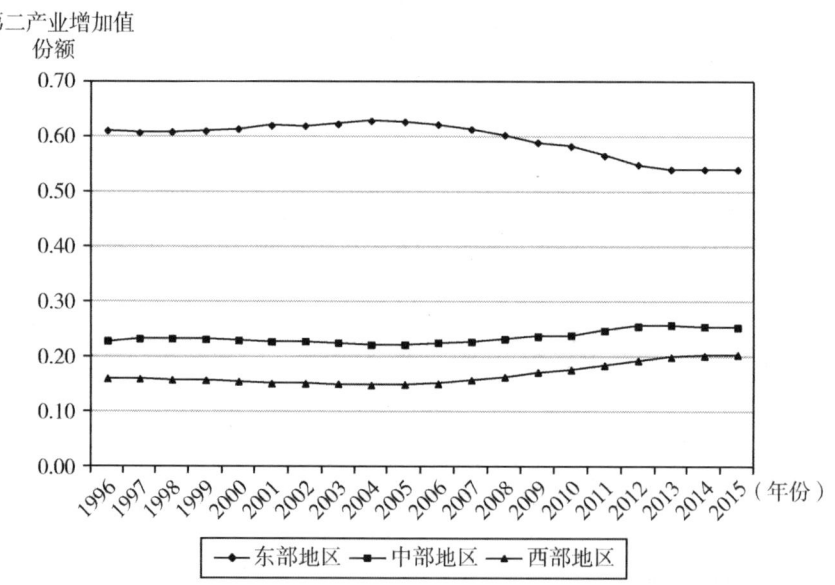

图3.4 1996~2015年中国三大地带第二产业增加值份额

通过比较图3.4~图3.5可知,第二产业增加值份额变化能更为清晰地反映中国空间经济结构变化。东部地区第二产业增加值份额在2004年之前呈现缓慢

第3章 理论基础

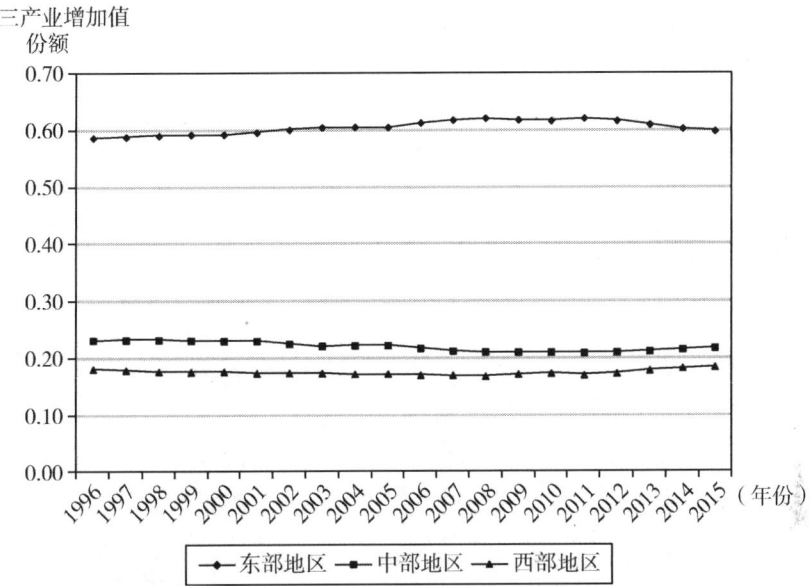

图 3.5　1996~2015 年中国三大地带第三产业增加值份额

上升趋势，在 2004 年之后转为快速下降趋势。中部地区和西部地区第二产业增加值份额在 2004 年之前呈现缓慢下降趋势，在 2004 年之后呈现快速上升趋势。这个转折时间点与范剑勇和李方文（2011）基于更小尺度的区域划分方法对中国制造业的空间份额变化研究结论一致。

图 3.4 虽然排除了第一产业和第三产业的干扰，使产业增加值的空间份额变化更为明显，但是从图 3.5 可知，第三产业的空间结构转折点在 2010 年，滞后于第二产业的空间结构转折点 6 年，证实了第三产业随第二产业转移的经验性推断，并且在一定程度上解释了图 3.1 中以区域生产总值份额衡量的区域收入空间结构转折时间点滞后于以第二产业增加值份额衡量的区域收入空间结构转折时间点 3 年的原因。因此，在研究中国区域收入空间依赖的变化趋势时，为了系统地考察转折发生的时间点，对第三产业增加值的份额亦不可省略。

基于对以上三大产业增加值空间分布变化实际数据的观察可知，中国产业增加值空间份额变化的主要推动力量和特征体现的是第二产业的空间结构变化，第二产业的空间结构变化对第三产业的空间结构变化具有带动作用，因此第三产业的空间结构变化滞后于三次产业的空间结构变化。第一产业空间结构变化最不明显，但其产业增加值具有在三大经济地带间收敛的趋势，对区域收入空间依赖的影响不可忽略。因此,根据以上区域收入指标与产业跨度的选取结果,在接下来的研究中,选取各区域三大产业增加值之和的人均水平作为被解释变量区域收入的代理,该指标等于生产法计算的区域人均生产总值。而为了避免过度脱离新经济地理学工资方程中劳动收入的概念,本书研究对象使用区域收入的名称,而未使用区域经济的名称。

3.3.4 空间依赖的内涵与规范

根据3.2.2节可知,空间依赖的名称起源于空间计量经济学。在空间滞后模型中,区域收入被表达为其空间滞后项的线性函数,因此由空间计量模型获取的区域收入空间依赖是区域收入空间滞后项的系数。而在新经济地理学工资方程中,区域收入被表达为市场潜力的指数形式的函数,因此新经济地理学中的区域收入空间依赖并非区域收入和市场潜力的直接关系,而是区域收入对市场潜力的弹性。由于区域收入空间滞后项和市场潜力的基本形式都是邻近地区的收入用空间邻近关系作为权重的加权和,两者对于一个地区经济地理因素的反映形式具有相似性。

除了表达式的形式之外,区域收入空间滞后项和市场潜力的不同之处主要在于是否具有坚实的微观理论基础。空间计量经济学以Tobler(1970)提出的地理学第一定律为理论基础,未明确空间滞后项系数的经济意义,因此相关文献根据不同的研究目的又把空间滞后模型中的被解释变量空间滞后项系数称为空间溢出。而新经济地理学在微观假设下用一般均衡框架推导出市场潜力表达式,市场潜力的各组成部分及其指数具有相应微观经济内涵,其中市场潜力的指数为商品替代弹性的倒数,而商品替代弹性的倒数不仅直接反映区域收入空间依赖,还从另一方面通过贸易成本成为市场潜力中空间权重的组成部分。在实证研究中,为了使模型简化为线性形式,商品替代弹性通过贸易成本对空间权重产生的影响通常被省略。

根据以上分析,本书把区域收入的空间依赖定义为区域收入对市场潜力的弹性,以便于从理论方面对中国区域收入空间依赖的变化原因与机制进行研究。此外,实证研究中市场潜力和空间滞后项作为解释变量的区别会在后面进行比较分析。

第3章 理论基础

3.4
本章小结

本章介绍了用于获取区域收入空间依赖的新经济地理学理论和空间计量经济学理论，分析了空间依赖在这两种理论中的表达与获取方法。相比较而言，新经济地理学理论具有坚实的微观基础，更适用于空间依赖经济意义的理论解释；空间计量经济学理论更注重技术处理方法，更适用于空间依赖实证研究结果的获取。

然而，新经济地理学理论对区域收入的概念假定较为松散，空间计量经济学理论对区域收入的概念更是毫不限制，导致这两种理论用于区域收入空间依赖实证研究时存在一定的局限性。因此，本章从指标选取和产业跨度规范两个方面，对本研究中的区域收入和空间依赖的概念进行界定。最终，把本研究中的区域收入定义为一个地区三大产业增加值之和的人均水平，它等于该地区生产总值的人均水平，并把本研究中的区域收入空间依赖定义为区域收入对市场潜力的弹性。

第4章

中国区域收入空间依赖的再检验

4.1 理论背景

跨区域贸易使不同区域之间的经济活动存在空间联系,从而使它们的观测值呈现相关性。空间依赖是一种进一步度量这种空间相关性的方法与指标。基于新经济地理学理论的研究验证了这种空间依赖在区域收入中的存在,另一部分基于空间计量经济学的研究得到的结论与该结论具有一致性,而空间计量经济学处理方法由于摆脱了微观理论束缚而更易于空间依赖的侦测与获取。但是,空间计量经济学在获取这种空间依赖时缺乏微观理论支撑,在模型假设和变量构造方面与新经济地理学模型存在一定差别。因此,基于这两种不同的理论对区域收入的空间依赖的侦测及获取有何差别,以及这种差别对计量结果分析会产生什么影响,都是值得深入探讨的问题。

4.1.1 区域收入空间依赖的两种获取路径研究回顾

现有文献中有两条获取区域收入空间依赖的研究路径。第一条研究路径是使用新经济地理学工资方程来获取空间依赖。新经济地理学模型具有坚实的微观基础,用工资方程反映了区域经济活动通过关联效应和因果循环过程不断集聚形成的"核心—边缘"空间经济模式中,区域收入与经济地理因素的正相关关系。通过对工资方程中的关键变量市场潜力的测算,以及对工资方程的估计,能获取空间经济结构的"核心—边缘"模式,以及区域收入对反映经济地理因素的市场准入变量的依赖。

第4章 中国区域收入空间依赖的再检验

根据新经济地理学工资方程的预测，区域收入和该区域对其他区域市场的准入程度正相关。这种影响区域收入的作用是新经济地理学理论中对空间依赖的表述。新经济地理学称这种市场准入程度为市场潜力，用其他区域收入的一个加权和来表示，其用到的权重从空间维度进行确定，与双边贸易成本负相关，且距离通常用来作为贸易成本的代理变量。Redding 和 Rossi-Hansberg（2016）认为，这类实证研究通常更关注的是区域收入空间分布模式的形成机制，区域收入空间依赖只是推导这种空间分布模式形成机制研究的一个中间结论。

第二条研究路径是使用空间滞后模型来获取空间依赖，即使用空间计量经济学技术来估计一个包含被解释变量空间滞后项的方程。这类研究所用到的模型和新经济地理学工资方程具有相似性。在空间计量经济学中，空间依赖可以看作是一个内生变量空间滞后项的系数，而 Mion（2004）认为，对这个空间滞后的内生变量的描述，恰好符合了新经济地理学中市场潜力变量的特征，因为工资方程右边市场潜力变量的衡量与工资方程左边的被解释变量密切相关。空间计量经济学对空间依赖的表述较为明确，且有系统的侦测与获取方法，但缺乏如新经济地理学工资方程一样坚实的微观理论基础。

Niebuhr（2006）、Fingleton 和 Fischer（2010）通过空间滞后模型的估计，得到欧洲地区或其中个别国家的区域收入存在空间依赖的证据。如同前面分析，这类研究注重空间依赖存在的实证检验结果，因此并没有对这种空间依赖的经济意义进行深层次的解释，也没有对区域收入的空间分布模式进一步探讨。在相关的实证研究文献中，Blonigen 等（2007）和 Blanco（2012）的研究区分了空间计量经济学和新经济地理学中两种不同形式的空间依赖，但是未能讨论这种区分的特殊意义。

4.1.2 两种路径对比与整合的意义

本章的工作可看作是对空间计量经济学中和新经济地理学中空间依赖的对比与整合。其中，对比的具体做法是基于中国省级层面数据，使用不同的空间权重构造被解释变量的空间滞后项，和 Harris（1954）意义上的市场潜力作对比。使用 Harris 意义上的市场潜力作为新经济地理学市场潜力和空间计量经济学中的空间滞后项作对比，意义在于 Harris 对市场潜力的定义与其他实证研究文献对市场潜力的定义［如 Redding 和 Venables（2004）、Hanson（2005）、Niebuhr（2006）等的实证研究中对市场潜力的定义］以及空间计量经济学对空间滞后项的定义在实证研究方面具有类似的功能，而 Harris 意义上的市场潜力构造简单，容易测算。把两种理论中的空间依赖整合的意义在于，空间计量经济学对误差项空间自相关的考虑修正了新经济地理学工资方程的部分局限性，使用整合的模型进行估计，可以同时纳入新经济地理学和空间计量经济学对空间依赖考量的不同方面，避免了单一使用新经济地理学模型时实证结果的有偏和非有效，又避免了单一使用空间计量经济模型时微观理论基础的欠缺。

此外，本章还讨论了两种理论模型中不同的技术处理细节，区域内部市场在工资方程估计过程中的影响，以及使用标准化距离来测算空间自相关的效果。最后，本章考察了同时考虑被解释变量和误差项空间依赖对新经济地理学工资方程估计结果的影响。实证结果显示，对整合的模型进行估计能同时获取全域和局域两种不同类型的空间依赖，但是该结论只在特定条件下成立，结论的成立条件涉及解释变量是否包含本地市场以及指标数据的处理方法。

4.1.3 需要解决的问题

在空间计量经济学文献中，对模型的估计通常需要消除误差项空间自相关的影响。对此，值得探讨的问题是：（1）新经济地理学实证研究中，工资方程的误差项是否也存在空间自相关？（2）新经济地理学实证研究中，市场潜力能否被空间滞后模型中的空间滞后项所替代？（3）如果市场潜力是一种不同类型的空间滞后项，在一个方程中同时考虑市场潜力与误差项这两种类型的空间依赖，会对估计结果产生什么影响？

本章考察了一种新的工资方程的表达式，在这个表达式中，市场潜力与误差项这两种类型的空间趋势被加以区分。一方面，新经济地理学中的"核心—边缘"空间经济模式在地理统计学中被视为全域空间趋势，其中变量的值系统地随地理空间坐标变化而变化，新经济地理学的市场潜力所研究的正是这种全域的空间趋势。另一方面，空间计量经济学的大多数技术是为研究短距离或局域空间趋势设计的。本章研究了把两种类型的空间趋势都纳入考量时，对工资方程的估计结果出现的特征。

4.2
实证模型的构建

4.2.1 Harris 的市场潜力模型

根据 Harris（1954）模型的设定，一个地区 i 的市场潜力定义为所有可以与

第4章 中国区域收入空间依赖的再检验

i 地发生贸易的地区 j 的市场规模 M_j 的加权平均和,其中权重是 j 地到 i 地距离 d_{ij} 的倒数。当空间观测样本单元是面状区域而不是点状区域时,距离 d_{ij} 为各地区 j 的几何中心或经济中心到 i 地对应的几何中心或经济中心的距离,距离 d_{ii} 为地区 i 的内部距离,其测量方法在本章下节将会讨论。因此,考虑地区 i 以外 $R-1$ 个可以与 i 地发生贸易的地区 j,Harris 意义上的 i 地市场潜力 HMP_i 可以分解为内部市场潜力 IMP_i 和外部市场潜力 EMP_i 两个部分:

$$HMP_i = \sum_{j=1}^{R} \frac{M_j}{d_{ij}} = \frac{M_j}{d_{ii}} + \sum_{j \neq i}^{R-1} \frac{M_j}{d_{ij}} = IMP_i + EMP_i \tag{4.1}$$

其中 EMP_i 的构建和表达是现有研究中解释变量构建的主要关注点,因为 EMP_i 对区域收入的影响反映的是区域间的收入依赖。对于 EMP_i 另有其他多种命名,如 Head 和 Mayer(2006)提出的"非本地市场潜力"、Blonigen 等(2007)提出的"周边市场潜力"和 Brakman(2009b)提出的"外部市场潜力"等。Harris 意义上的市场潜力多年来被广泛应用于区域经济研究,主要原因是它开创了一条实证研究路径来检验 Tobler(1970)提出的地理学第一定律:"每一件事物都与其他事物相关,距离越近这种相关的影响越大。"

4.2.2 Krugman 工资方程

Krugman(1993)的一般均衡设定为 Harris 意义上的市场潜力概念提供了理论基础。根据 Krugman(1993)在一般均衡设定下推导的工资方程,各地区的收入随着该地区市场潜力的上升而增加。随后的研究将该工资方程基准形式进一步优化和延伸,出现了多种工资方程的形式。本章将最初由 Krugman(1993)推导得出的工资方程形式作为实证模型的基准形式。

Krugman(1993)推导的工资方程中,均衡状态下 i 地区的名义工资 y_i 可用该地区出售到所有 R 个地区的包含两种要素的差异化产品收入之和来表示。其中,一种要素是 j 地区对 i 地区差异化产品的需求,表示为 j 地区的总需求量 $\mu_j E_j$ 除以一个反映 j 地价格指数的因子 $G_j^{1-\sigma}$ 的商,其中 E_j 为 j 地区的总支出;另一种要素是 i 地区销售到 j 地区的差异化产品的贸易成本,用运输成本 T_{ij} 的 $(1-\sigma)$ 次幂来表示,其中 σ 为反应产品差异化程度的产品替代弹性。市场均衡状态下的工资方程为:

$$y_i = \left(\sum_{j=1}^{R} T_{ij}^{1-\sigma} \frac{E_j}{G_j^{1-\sigma}} \right)^{\frac{1}{\sigma}} = (RMP_i)^{\frac{1}{\sigma}} \tag{4.2}$$

Redding 和 Venables（2004）把式（4.2）括号内的部分称为市场潜力，以保持 Harris（1954）、Krugman（1993）和 Fujita 等（1999）的传统，而 Head 和 Mayer（2006）称其为实际市场潜力（Real Market Potential，RMP），以强调价格指数 $G_i = \sum_{j=1}^{R} T_{ij}^{1-\sigma} n_j p_j^{1-\sigma}$ 的重要性，其中，n_j 是产品的种类数，p_j 是每种产品的价格。

相对于实际市场潜力，Head 和 Mayer（2006）把 $\sum_{j=1}^{R} T_{ij}^{1-\sigma} E_j$ 命名为名义市场潜力（Nominal Market Potential，NMP），名义市场潜力表达式中各地价格指数相同，可以看作 $G_j^{1-\sigma} = G = 1$。当 $T_{ij}^{1-\sigma} = T_{ij}^{-1}$ 时，名义市场潜力表达式等同于 Harris（1954）使用的市场潜力表达式 $HMP_i = \sum_{j=1}^{R} T_{ij}^{-1} E_j$，其中总支出 E_j 衡量市场规模 M_j，运输成本 T_{ij} 用距离 d_{ij} 衡量。实际上，贸易量对空间距离的弹性为 -1 是 Head 和 Mayer（2014）等相关贸易引力模型研究文献中得到的一个稳健的实证研究结果。

RMP_i 和 HMP_i 的主要区别在于 HMP_i 中没有用价格指数 G_i 来校正。Combes 等（2008）认为，HMP_i 是 RMP_i 的一个粗略表达。然而在实证研究中，Breinlich（2006）、Head 和 Mayer（2006）分别基于这两种市场潜力定义的研究却得到相近的结果。因此，基于计算简便性和数据可得性，本章使用 HMP_i 作为实证研究中的解释变量。对工资方程（4.2）取对数，用 HMP_i 作为 RMP_i 的代理变量，得到可用于实证分析的截面数据回归模型：

$$\ln y_i = C + \beta \ln HMP_i + u_i \tag{4.3}$$

式（4.3）中的 u_i 项包含省略的变量以及模型假设外的影响因素，若在普通最小二乘估计中假设其服从正态分布，则可以通过选择合适的被解释变量指标选择，使其等价于空间滞后模型（3.24）。然而，在 4.4 节的分析中会看到，使用中国的区域收入数据对式（4.3）进行普通最小二乘估计，估计结果中的残差项 u_i 具有空间自相关。根据 LeSage 和 Pace（2009），忽略误差项中的空间自相关（如果存在的话），会造成解释变量系数的估计量是有偏和非有效的。

4.2.3 空间联合模型

经济活动的空间联系包括多个方面，新经济地理学中区域收入和市场潜力的关系未必能获取所有这些方面的空间联系。新经济地理学强调的空间趋势是一种

第4章 中国区域收入空间依赖的再检验

全域的"极化"现象,这种空间趋势指的是"长距离"或"大地理范围"的空间结构发展趋势。相对而言,空间计量经济学强调的空间趋势是一种局域的空间"匀化"现象。使用市场潜力获取到的空间数据的"核心—边缘"模式正是一种长距离的空间趋势。Bivand 等(2008)指出,即使一个平缓的短距离空间趋势,在 Moran's I 检验中也能表现出明显的空间相关性,而错误设定的模型不能获取这种空间趋势。

Moran's I 检验和 Lagrange 乘数检验可以侦测出空间计量模型是否存在模型误设。在空间计量模型中,模型误设最主要的原因是省略了相关解释变量,等于把相关解释变量纳入了误差项。加入生产性公共支出和私人部门投资等控制变量可以减轻模型误设的影响,但不能消除这种影响。后面的分析中将会看到,对式(4.3)进行普通最小二乘估计,并对估计结果中的残差进行 Moran's I 检验,结果仍显示出存在空间自相关。因此,本书将实证研究模型设定为:

$$\begin{cases} y = \beta_1 HMP + X\beta + u \\ u = \lambda Wu + \varepsilon \end{cases} \quad (4.4)$$

其中,y 为 $n \times 1$ 被解释变量向量,n 为区域个数;HMP 为 $n \times 1$ 市场潜力向量;X 为生产性公共支出、私人部门投资两个控制变量和截距项的 $n \times 3$ 解释变量矩阵,包括截距项,β 为解释变量的 3×1 系数向量,u 为存在空间自相关的 $n \times 1$ 残差向量,ε 为服从均值为 0 的正态分布的 $n \times 1$ 残差向量。

4.2.4 实证模型的规范

确定实证模型为空间联合模型(4.4)后,需要构建式(4.4)中的空间权重矩阵 W。空间权重矩阵 W 的构建方式也有很多种,其选取是否合理,会影响到其对样本数据相互依赖作用刻画的准确性。矩阵 W 的元素 w_{ij} 表示相邻关系时,通常情况下需要用所有区域对应 i 地区的权重之和进行行标准化,使得每一行的权重之和为 1。行标准化的优点在于可以将 y 的空间滞后项表示为相邻地区 y 变量的加权平均值。

Griffith(1996)指出,根据空间计量经济学中的简约规则,当试图获取未知的空间依赖时,不可在空间权重矩阵 W 上强加一个结构。此外,在获取局域空间趋势的研究中,限制邻域的标准所起的作用较大。具有 5 个邻域的矩阵足以检验每个区域及其周围区域之间可能的平均相互依赖作用,并且足以用于区分被解释变量和误差项空间趋势的目的。根据 LeSage 和 Pace(2012)的分析,这种检验和区分的结果在使用多于5个或少于5个最近邻域的空间权重矩阵时具有一定的稳健性。因此，本章在对中国空间经济数据进行研究时，设海南省与广东省、广西壮族自治区相邻（下同），则各省级行政区的相邻区域在2~8个之间，且使用的基准空间权重矩阵是5个最近邻域的标准化最短公路距离倒数权重矩阵。

Anselin（1988a）指出，当空间权重矩阵 W 的元素 w_{ij} 用距离倒数表示时，对 W 进行每行之和为1的行标准化会对权重的经济意义解释造成干扰。而市场潜力是一种反映市场准入程度的指标，构建该指标需要考虑用区域间的实际距离，作为运输成本的代理变量。此外，在式（4.1）中，Harris 意义上的市场潜力的外部市场潜力部分使用的是未标准化的距离倒数空间权重矩阵。市场潜力和使用其他空间权重矩阵构造的空间滞后变量之间的具体差异会在后面章节中得到分析。

由于市场潜力可以被视为被解释变量的空间滞后项，空间联合模型（4.4）在包含工资方程和市场潜力的情况下会因内生性造成最小二乘估计结果是有偏的，各变量的弹性应该通过空间滞后模型变量的总效应估计方法来估计。内生性问题的解决方法对估计结果产生重要影响，因此，在后面章节计算空间滞后模型的总效应时，同样应考虑市场潜力等空间滞后项的内生性。为消除内生性问题的影响，相关新经济地理学实证研究通常使用工具变量法、极大似然估计法或其他广义最小二乘估计法、广义距估计法对工资方程进行估计。在本书各章的实证分析中，对空间滞后项的内生性问题，不是按以往文献的处理方法经验性地解决，而是针对各章所使用的数据特征重新讨论估计方法，以便研究重点聚焦于由这些空间滞后项获取的不同类型的空间依赖。

另一个计算市场潜力过程中的实际问题是，如何衡量某个区域的内部距离 d_{ii}，以计算式（4.1）中区域市场潜力的内部市场潜力部分 IMP_i。标准方法假设区域是面积为 $area_i$ 的圆形，则区域的半径为 $r_i = \sqrt{area_i/\pi}$。Keeble 等（1982）对内部距离的计算方法为 $d_{ii} = 1/3 \cdot r_i \approx 0.188\sqrt{area_i}$，以衡量经济中心周围可能的内部经济活动。这种方法和剑桥计量经济学会（2014）采用区域半径的40%的处理方法类似。Breinlich（2006）、Head 和 Mayer（2006）的研究认为，如果不考虑 HMP_i 的内部市场潜力部分，会低估首都和一些直辖市等经济总量较大区域的市场准入程度，造成较大的测量误差。如果把 HMP_i 的内部市场潜力部分 IMP_i 包含进来，就又会加重市场潜力引发的内生性问题。与使用半径的1/3作为区域内部距离的做法相比，部分研究使用半径的2/3作为区域内部距离的处理方法增加了内部市场的权重，有助于区分分别使用 HMP_i 和 EMP_i 时所得到结果的差异，因此本书对内部距离的计算采用区域半径的2/3作为区域内部距离的处

第4章 中国区域收入空间依赖的再检验

理方法。

模型的实证分析使用的是中国省级层面数据,时间跨度为 1996~2015 年。与 Redding 和 Venables (2004)、Brakman 等 (2009a) 的做法一致,本书中区域收入或工资方程中的工资用人均产业增加值来反映,因为该指标更有利于实证研究结果的获取与经济意义的解释(参见 3.3 节的分析)。根据 Chongen 等 (2012)、韩峰和柯善咨 (2012)、张方和陈凯 (2016),由于中国地区间尚未形成技术外部性,人力资本及其空间滞后项等控制变量在中国工资方程的估计结果中并不显著,本章的实证模型中只包含实物资本控制变量。由于已有研究对永续盘存法初始资本规模及各地区资本折旧率的确定缺乏统一理论基础,且不同的设定造成永续盘存法计算出的资本存量出入较大,本书不使用永续盘存法计算各地区资本存量,而采用生产性公共支出和私人部门投资作为控制变量。已有研究多数按照严成樑和龚六堂(2009)的划分标准,认为生产性公共支出包括财政支出中的基本建设支出、教育支出和科研支出,但由于中国统计年鉴 2007 年前后统计口径变动,2007 年后的财政统计拆分了"基本建设支出"指标并合并到其他指标,所以本书使用国有及国有控股企业固定资产投资作为生产性公共支出的指标,并使用私营企业和个体企业固定资产投资之和作为私人部门投资的指标。

4.3 不同解释变量的区别与规范:市场潜力和其他空间滞后变量

由于使用不同的解释变量会对估计结果产生不同影响,在使用空间计量模型进行回归之前,有必要强调市场潜力和空间计量经济学中其他类型的空间滞后变量的区别。

4.3.1 不同空间滞后权重对解释变量构建的影响

虽然 3.3 节确定了被解释变量区域收入的衡量指标为区域人均产业增加值,但作为解释变量的市场潜力以及区域收入的空间滞后项在实证模型中的处理方法仍会对实证结果产生影响。解释变量处理方法的关键在于市场潜力变量的构建。新经济地理学中的市场潜力变量通过所有样本区域收入的加权和来构建,当加总所有样本区域的收入时,市场潜力变量值得到平滑。因此,当市场潜力作为回归模型中的解释变量时,其边际效应在邻近区域之间是相似的,从而整合了小地理范围内具有空间自相关的残差。平滑的程度取决于构建市场潜力时使用的空间权重矩阵，而平滑的结果影响到残差空间自相关的程度和对全域空间趋势的表现。图 4.1～图 4.3 显示了这种效应在新经济地理学中的市场潜力和在空间计量经济学中其他类型的空间滞后变量中的不同。

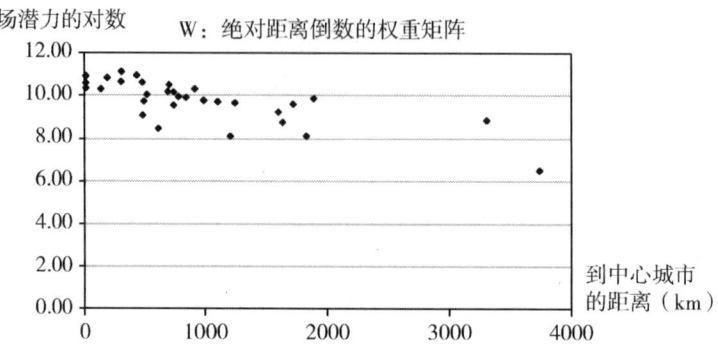

图 4.1 使用绝对距离倒数权重矩阵构建的市场潜力

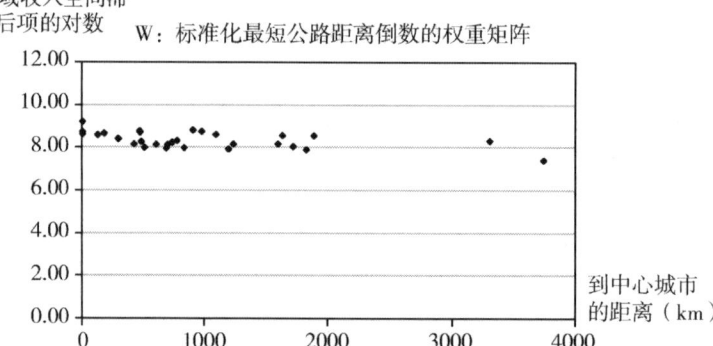

图 4.2 使用标准化最短公路距离倒数权重矩阵构建的空间滞后项

参考 Zhao 等（2009）的处理方法，以各地省会或直辖市到东部地区 3 个中心城市（北京、上海或广州）中最近一个的距离作为横轴坐标，以使用不同空间权重矩阵构建的市场潜力和空间滞后项的对数作为纵轴坐标，图 4.1～图 4.3 显示出用不同标准化权重矩阵衡量市场潜力和空间滞后变量时，市场潜力和空间滞后变量的对数值具有不同的变异性。

图 4.1 中的市场潜力呈现自东向西平缓下降的空间趋势。以绝对距离倒数为权重，通过对样本内所有区域观测值进行加总，使市场潜力变量能反映出中国区

第4章 中国区域收入空间依赖的再检验

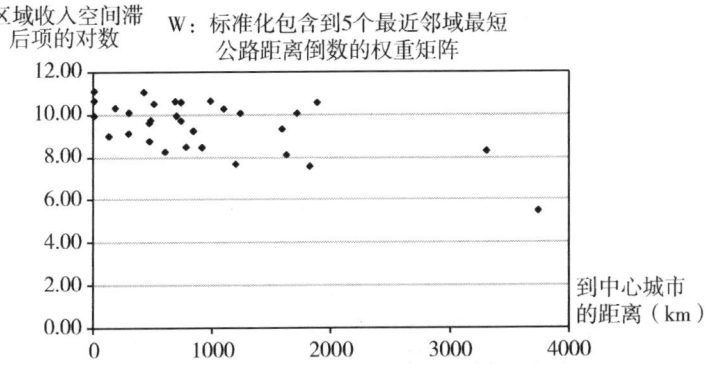

图 4.3　使用标准化到 5 个最近邻域最短公路距离倒数权重矩阵构建的空间滞后项

域经济活动自东向西的"核心—边缘"结构，其中绝对距离倒数的权重构建方法使具有市场潜力最大值的区域位于中国东部。用这种权重矩阵构建的市场潜力变量普遍应用于新经济地理学实证文献中，如 Redding 和 Venables（2004）、Hanson（2005）、Niebuhr（2006）等。然而，这种加总效应使市场潜力的空间自相关程度高于区域收入。

对样本内所有区域观测值进行加总，从而对变量值产生的平滑效应可以从图 4.2 中明显观察出。图 4.2 使用的是标准化距离倒数空间权重矩阵。不同于直接用绝对距离倒数作为空间权重，所有标准化距离倒数空间权重之和为 1，因而和图 4.1 相比，变量值在纵轴上的分散程度降低，即降低了数据的变异性，不能反应出中国区域经济活动的"核心—边缘"结构。同时，使用该权重矩阵构建的空间滞后项，不包含地理距离的折扣因子，失去了市场准入的经济学意义，用于实证研究时会增加估计结果的解释难度。

图 4.3 显示的是仅考虑 5 个最近的邻域时，使用标准化公路距离倒数的权重矩阵构建的空间滞后变量值。基于简约性原则，以及为获取小地理范围的空间趋势，空间计量经济学模型通常限制邻域的选择标准。在仅考虑 5 个最近的邻域的情况下，空间滞后变量对数值在空间维度上显示出较高的分散程度，与图 4.2 比较可知，在这类空间滞后变量的构建中，距离倒数矩阵的标准化并未起到重要作用。实际上，图 4.3 中的空间滞后变量对数值散点图和使用标准化包含 5 个最近邻域的二元邻接矩阵时相似，因而本书未显示使用二元邻接矩阵作为空间权重矩阵构建的空间滞后变量的散点图。两种空间权重矩阵构建出空间滞后变量值相似的原因是考虑的邻域个数减少到最近的 5 个，接近中国各省级行政区的相邻区域

在 2~8 个之间的实际情况。然而，如果使用二元邻接矩阵，在估计空间模型时图 4.3 中可能导致自相关的一些异常值会消失。

4.3.2 "对数值的空间滞后项"与"空间滞后项的对数值"问题

在构造解释变量时，除了空间权重的选择之外，新经济地理学的市场潜力变量和空间计量经济学中的空间滞后变量在指标选择与处理方式上还有一些不同。一方面，在工资方程的理论框架下，市场潜力可以看作是区域总收入的空间滞后项，而空间滞后模型中的空间滞后变量是区域人均收入的空间滞后项。而从已有实证研究文献来看，使用区域人均收入的实证结果普遍比使用区域总收入的实证结果更为显著，且 3.3.2 小节的分析结果也显示出使用区域人均收入的合理性。另一方面是"对数值的空间滞后项"与"空间滞后项的对数值"问题。在工资方程实证研究中，市场潜力需要作对数处理，所以显示为空间滞后项的对数值。而空间计量经济学对空间权重 W 的构建适用于它在回归模型中作为滞后乘子的情况，因此空间计量模型中的空间滞后变量显示为对数值的空间滞后项。

为了说明空间滞后项的对数值或者对数值的空间滞后项在实证研究中的差别，并同时验证使用区域人均收入与使用区域总收入的差别，用 y 表示区域人均收入，Y 表示区域总收入，w_1 表示考虑所有区域绝对距离倒数权重矩阵的元素，w_2 表示考虑所有区域标准化最短公路距离倒数权重矩阵的元素，w_3 表示考虑 5 个最近邻域标准化最短公路距离权重矩阵的元素，计算这些解释变量代理之间及其与被解释变量之间的相关系数，如表 4.1 所示。

表 4.1 备选解释变量之间及其与被解释变量之间的相关系数（2012 年）

	lny	lnHMP	lnEMP	lnw_1y	lnw_2y	lnw_3y	$w_1$lny	$w_2$lny	$w_3$lny	$w_3$lnY
变量	区域人均收入的对数	市场潜力的对数	外部市场潜力的对数	区域人均收入空间滞后项的对数			区域人均收入对数的空间滞后			区域总收入对数的空间滞后
邻域		所有区域	所有区域	所有区域	所有区域	5个最近邻域	所有区域	所有区域	5个最近邻域	5个最近邻域
权重		绝对距离倒数	绝对距离倒数	绝对距离倒数	标准化最短公路距离倒数	标准化最短公路距离倒数	绝对距离倒数	标准化最短公路距离倒数	标准化最短公路距离倒数	标准化最短公路距离倒数

第4章 中国区域收入空间依赖的再检验

续表

变量	lny	lnHMP	lnEMP	lnw_1y	lnw_2y	lnw_3y	w_1lny	w_2lny	w_3lny	w_3lnY
	区域人均收入的对数	市场潜力的对数	外部市场潜力的对数	区域人均收入空间滞后项的对数			区域人均收入对数的空间滞后项			区域总收入对数的空间滞后项
lny	1.00	0.54	0.47	0.29	0.25	0.22	0.47	0.61	0.69	0.33
lnHMP	0.54	1.00	0.96	0.64	0.5	0.47	0.93	0.65	0.53	0.59
lnEMP	0.47	0.96	1.00	0.67	0.54	0.52	0.97	0.70	0.57	0.63
lnw_1y	0.29	0.64	0.67	1.00	0.77	0.71	0.54	0.59	0.45	0.72
lnw_2y	0.25	0.50	0.54	0.77	1.00	0.78	0.39	0.47	0.46	0.92
lnw_3y	0.22	0.47	0.52	0.71	0.78	1.00	0.37	0.43	0.44	0.93
w_1lny	0.47	0.93	0.97	0.54	0.39	0.37	1.00	0.67	0.54	0.48
w_2lny	0.61	0.65	0.70	0.59	0.47	0.43	0.67	1.00	0.91	0.53
w_3lny	0.69	0.53	0.57	0.45	0.46	0.44	0.54	0.91	1.00	0.51
w_3lnY	0.33	0.59	0.63	0.72	0.92	0.93	0.48	0.53	0.51	1.00

在表 4.1 中，lny 为工资方程的被解释变量，lnHMP 和 lnEMP 为工资方程的解释变量，分别为市场潜力和外部市场潜力的对数。lnw_2y 和 lnw_3y 是用不同空间权重矩阵构建的区域收入空间滞后项的对数，用以和 lnw_1y 作对比。通过比较 lnw_1y、lnw_2y 和 lnw_3y 可发现这三列相关系数值接近，再次证实了 3.5.1 节中标准化有限邻域空间距离倒数矩阵所起作用有限的结论。

w_1lny、w_2lny 和 w_3lny 是不同类型的区域人均收入对数值的空间滞后项，lnw_1y、lnw_2y、lnw_3y 和 w_1lny、w_2lny、w_3lny 的对比解决了本书中的"对数值的空间滞后项"与"空间滞后项的对数值"问题。相较于空间滞后项的对数值，空间滞后模型使用的对数值的空间滞后项与被解释变量 lny 更相关。而比较 w_3lny、w_3lnY 和 lny 的相关系数可知，使用区域人均收入比使用区域总收入效果更好。由于 w_3lny 和 lny 的相关系数相对较大，w_3lny 将被选作实证模型中的空间滞后项。

外部市场潜力的对数 lnEMP 和被解释变量 lny 的相关系数为 0.47，当邻域个数降为 5 个且进行标准化后，该相关系数降到 0.22。外部市场潜力的对数与用绝对距离倒数构建的区域人均收入滞后项的对数获取的信息相同，因此 lnEMP 和 w_1lny 的相关系数高达 0.97。比较 w_1lny 和 w_3lny 发现，在使用 5 个最近邻域的标准化最短公路距离倒数权重矩阵代替所有邻域的绝对距离倒数权重矩阵后，解释变量与被解释变量的相关系数从 0.47 上升到 0.69。$w_3 lny$ 和 lnEMP 的相关系数仍高达 0.57，与 lnHMP 的相关系数仍高达 0.53，这说明在空间滞后模型中同时使用被解释变量的空间滞后项和市场潜力变量可能产生多重共线性问题，因此，在获取数据的空间依赖证据时，需尽量避免同一模型中出现这两类变量，而在本章研究中的做法是分别使用被解释变量的空间滞后项和市场潜力变量对空间联合模型进行估计。

4.4 中国的空间经济模式及空间自相关检验

现有研究表明，中国区域收入的空间分布呈现出一种新经济地理学意义上的"核心—边缘"模式，其中东部地区是这种模式中的核心地区，中部地区和西部地区是这种模式中的边缘地区，相对于核心地区，边缘地区具有较低的区域收入。根据新经济地理学工资方程反映的关系，区域收入主要取决于市场潜力。表 4.2 显示了 2012 年中国 31 个省级行政区（不包括香港、澳门和台湾）的市场潜力 HMP_i 的对数。从表 4.2 可以看出，市场潜力较高的山东、江苏、浙江和广东都位于东部地区，而市场潜力较低的宁夏、青海和西藏都位于西部地区。

表 4.2   2012 年中国各地市场潜力对数

省份	市场潜力对数	省份	市场潜力对数
北京	11.04619	湖北	10.24664
天津	11.16881	湖南	10.06153
河北	10.20709	广东	10.66976
山西	10.07456	广西	9.967956
内蒙古	10.7061	海南	10.11007
辽宁	10.66761	重庆	10.33588
吉林	10.38165	四川	9.919241
黑龙江	10.17457	贵州	9.554573
上海	11.04525	云南	9.65345

第4章 中国区域收入空间依赖的再检验

续表

省份	市场潜力对数	省份	市场潜力对数
江苏	10.84158	西藏	9.751478
浙江	10.77796	陕西	10.2435
安徽	9.978051	甘肃	9.639323
福建	10.60479	青海	9.913277
江西	9.977317	宁夏	10.12203
山东	10.56116	新疆	10.06328
河南	10.0502		

由于表4.2不能直观地体现出中国区域市场潜力的空间分布趋势，接下来使用全域多项式插值法，拟合市场潜力对于地理坐标的函数，进行趋势面分析。全域多项式插值法拟合的函数所定义的空间趋势面是平滑的，从而消除了区域的异质性尺寸与几何形态带来的视觉扭曲，可以更明确地显示市场潜力的全域空间分布趋势。其中，地理坐标选取各省级行政中心的坐标，多项式的阶数选取二阶。由全域多项式插值法拟合的市场潜力趋势面如图4.4所示。

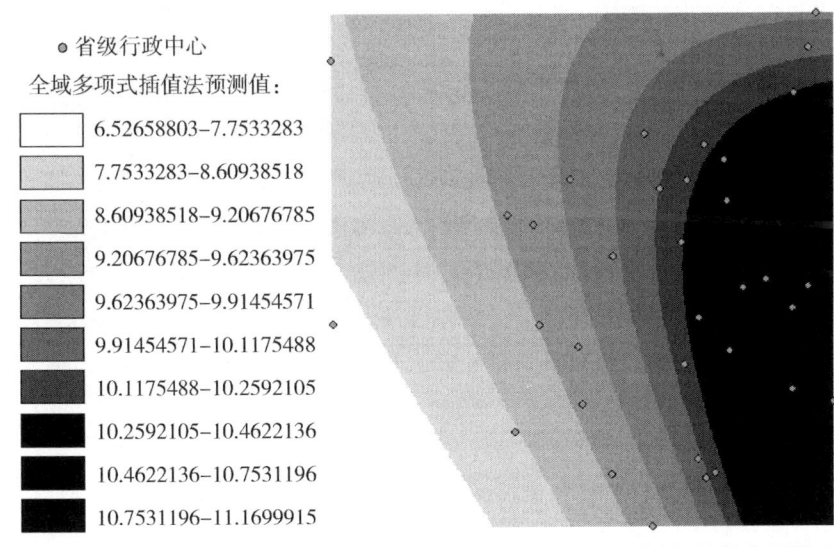

图4.4 2012年中国区域市场潜力趋势面分析

由图 4.4 可知，中国区域市场潜力的空间分布呈现自东向西梯级递减的结构，进一步明确了中国区域市场潜力的空间分布服从以东部地区为核心的"核心—边缘"模式，然而这种空间特征并不是无偏和有效的。普通最小二乘估计只能获取零均值的残差序列，不能解决残差的空间自相关问题。表 4.3 显示了 2012 年中国 31 个省级行政区的收入对市场潜力最小二乘估计的残差。其中负残差值表示市场潜力对区域收入预测过低，正残差值表示市场潜力对区域收入预测过高。

表 4.3　　　　中国各地收入对市场潜力回归的残差（2012 年）

省份	收入对市场潜力回归的残差	省份	收入对市场潜力回归的残差
北京	-0.47818	湖北	-0.44266
天津	0.419755	湖南	-0.49976
河北	-0.78177	广东	-0.74094
山西	-0.21398	广西	-0.06332
内蒙古	0.736399	海南	0.644224
辽宁	0.132307	重庆	0.305399
吉林	0.277855	四川	-0.46174
黑龙江	0.000472	贵州	-0.13462
上海	-0.18956	云南	-0.08425
江苏	-0.67785	西藏	2.460913
浙江	-0.47052	陕西	0.260022
安徽	-0.95436	甘肃	0.459276
福建	0.290894	青海	1.735699
江西	-0.30331	宁夏	1.681673
山东	-0.76486	新疆	0.793071
河南	-0.71771		

根据表 4.3 可知，工资方程的残差在空间上发生聚类。空间上的聚类是指当市场潜力对一个区域收入的预测过低（或过高）时，它对该区域的临近区域收入也有过低（或过高）的预测。由表 4.3 可知，市场潜力对东部地区收入预测普遍偏低，而对西部地区收入预测普遍偏高。偏高预测值在某些研究区域中发生

第4章 中国区域收入空间依赖的再检验

聚类而偏低预测值在其他研究区域中发生聚类，可以视为残差存在正向的空间自相关。

根据3.2.1小节的分析，通过计算市场潜力以及普通最小二乘估计残差的Moran's I 统计量，可检验市场潜力以及残差的空间自相关，结果如表4.4所示。根据表4.4的计算结果，市场潜力、外部市场潜力以及区域收入对这两个变量分别进行最小二乘回归的残差的Moran's I 统计量的 p 值均为0，因此，对于市场潜力、外部市场潜力以及以两者作为解释变量的最小二乘估计残差，都拒绝不存在空间自相关的假设。

表 4.4 变量（对数值）以及普通最小二乘估计残差的空间自相关检验（2012 年）

	Moran's I 统计量	p 值
区域收入	0.3315	0.0000
市场潜力	0.5836	0.0000
外部市场潜力	0.4942	0.0000
对市场潜力回归的残差	0.3910	0.0000
对外部市场潜力回归的残差	0.3727	0.0000

注：根据中国 31 个省级行政区 2012 年的截面数据计算得出。Moran's I 检验使用行标准化的 5 个最近邻域的最短公路距离倒数矩阵。

综上所述，用区域收入对市场潜力变量回归来获取中国区域收入的空间依赖，会因为残差的空间自相关造成估计结果有偏和不一致，违反了最小二乘估计法的经典假设，因此，需要在考虑残差的空间自相关的情况下结合空间计量方法来对中国区域收入空间依赖进行估计。

4.5 计量结果与稳健性检验

对于中国区域收入的空间依赖，本书在同时考虑经济活动其他方面的空间自相关的情况下进行检验，做法是在空间联合模型中引入市场潜力变量，考察估计结果中其参数估计量的显著性。

4.5.1 普通最小二乘估计结果

首先,对式(4.3)进行普通最小二乘估计,结果如表4.5所示。由于存在空间自相关及内生性问题,普通最小二乘估计结果不能得到准确的检验结论,不能证明中国区域收入存在空间依赖,但从普通最小二乘回归结果中仍可得到以下两个结论:第一,外部市场潜力、生产性公共支出和私人部门投资变量能解释区域人均收入总变异的一半以上。相较第(3)列和第(4)列而言,当第(1)列和第(2)列使用包含内部市场潜力的解释变量时,可决系数并无较大改进,这与4.3.2小节的相关系数分析结果一致。第二,Moran's I 统计量的 p 值显示,所有模型的残差存在空间自相关,这与4.4节的分析结果一致。

表4.5　　　　普通最小二乘估计结果(2012年)

	(1)	(2)	(3)	(4)
c	3.27*** (0.05)	3.54* (0.02)	3.49*** (0.39)	6.23 (1.34)
lnHMP	0.87*** (0.03)	0.79*** (0.00)		
lnEMP			0.74*** (0.00)	0.66* (0.09)
lnK		0.07 (0.45)		0.13 (0.63)
lnG		0.18** (0.03)		0.24** (0.00)
可决系数	0.41	0.58	0.33	0.54
调整的可决系数	0.41	0.57	0.33	0.53
F 值	102.63	135.64	67.93	115.30
Moran's I 统计量的 p 值	0.00	0.00	0.00	0.00
残差的 Moran's I 统计量	0.54	0.49	0.58	0.35

注:***、**、* 分别表示在1%、5%和10%的水平上显著。括号内为标准差。被解释变量为lnY。

第4章 中国区域收入空间依赖的再检验

4.5.2 LM 检验和 RLM 检验

为了纠正普通最小二乘估计不能克服的空间自相关问题，需要用空间计量模型来进行回归。在此之前，根据3.2.3小节的介绍，需要通过 Florax 等（2003）或李子奈和叶阿忠（2012）提出的 LM 检验和 RLM 检验和决策规则来选择合适的空间计量模型。被解释变量空间依赖的 LM 检验、残差空间自相关的 LM 检验、被解释变量空间依赖的 RLM 检验以及残差空间自相关的 RLM 检验等4项检验结果在表4.6中列出。

表4.6　　　　　LM 检验和 RLM 检验结果（2012年）

	市场潜力		外部市场潜力	
	(1)	(2)	(3)	(4)
控制变量	是	否	是	否
LM (lag)	6.97*** (0.01)	1.62** (0.01)	17.46*** (0.19)	5.23*** (0.02)
RLM (lag)	3.33*** (0.03)	15.154** (2.01)	19.80** (0.38)	6.25** (0.04)
LM (error)	16.68*** (0.90)	10.09*** (0.16)	17.82*** (3.63)	3.42** (0.01)
RLM (error)	25.05*** (1.30)	13.04*** (0.79)	18.85*** (2.10)	5.68** (0.32)

注：该表是针对表4.3估计结果残差的检验结果。***、**、*分别表示在1%、5%和10%的水平上显著。括号内为标准差。

根据表4.6的检验结果，空间自回归效应和残差空间自相关效应的 LM、RLM 检验统计量都显著，表明模型中同时存在被解释变量的空间滞后和误差项的空间自相关，因此适用4.2.3小节提出的空间联合模型。

4.5.3 极大似然估计结果

在确定以市场潜力代替空间滞后项的空间联合模型为适用的空间计量模型之后，采用极大似然估计方法进行模型估计。另外，从空间计量模型的作用来看，空间滞后模型在与工资方程的对比方面更有优势。基于以上原因，表4.7列出了空间滞后模型和空间联合模型两种空间计量模型的极大似然估计结果。

表4.7　　　　　　　　极大似然估计结果（2012年）

	空间滞后模型		空间联合模型					
	（1）	（2）	（3）	（4）	（5）	（6）	（7）	（8）
c	3.27*** (0.19)	9.54* (1.35)	13.49** (2.10)	6.23*** (0.06)	5.21*** (0.27)	7.55*** (1.03)	5.38*** (0.36)	5.09*** (0.11)
$w_3 u$			0.28** (0.02)	0.39*** (0.00)	0.90*** (0.24)	0.84*** (0.40)	0.78** (0.21)	0.80** (0.17)
$w_3 \ln y$	0.50*** (0.07)	0.36** (0.10)	0.80*** (0.00)	0.54*** (0.00)				
lnHMP						0.41** (0.09)	0.34** (0.05)	
lnEMP							0.55*** (0.03)	0.49*** (0.10)
lnK		0.19* (0.06)		0.33* (0.10)		0.07 (0.36)		0.03 (0.95)
lnG		0.18*** (0.00)		0.24*** (0.01)		0.04* (0.00)		0.15** (0.02)
AIC值	−10.33	−13.64	−7.93	15.29	7.30	44.43	−6.61	14.63
RLM（error）检验的p值	0.27	0.00	0.22	0.15	0.47	0.61	0.41	0.49
残差方差	0.28	0.31	0.24	0.33	0.52	0.63	0.74	0.50
Moran's I统计量的p值	0.00	0.00	0.00	0.00	0.70	0.65	0.81	0.73
残差的Moran's I统计量	0.39	0.33	0.07	0.03	0.13	0.19	0.07	0.00

注：***、**、*分别表示在1%、5%和10%的水平上显著。被解释变量为lny。括号内为标准差。

AIC为赤池信息量准则，即Akaike information criterion，是衡量统计模型拟合优良性的一种标准，是由日本统计学家赤池弘次创立和发展的。赤池信息量准则建立在熵的概念基础上，可以权衡估计模型的复杂度和此模型拟合数据的优良性。

第4章 中国区域收入空间依赖的再检验

此外,市场潜力作为工资方程的自变量,可视为区域收入的空间滞后项,根据 LeSage 和 Pace(2009)提出的空间滞后模型处理方法,市场潜力的影响需要通过效应分解来评估。表 4.8 给出了空间联合模型中变量的直接效应、间接效应和总效应。需要说明的是,鉴于本章使用的空间计量模型所考察的并非人均收入和市场潜力的直接关系,所有参数估计值都是弹性的估计值。

表 4.8   空间滞后模型中变量的效应分解(2012 年)

模型	变量	直接效应	间接效应	总效应
(1)	$w_3 lny$	0.12	0.39	0.51
(2)	$w_3 lny$	0.20	0.47	0.67
(2)	lnK	0.15	0.18	0.33
(2)	lnG	0.29	0.52	0.81
(3)	$w_3 lny$	0.13	0.22	0.35
(4)	$w_3 lny$	0.11	0.13	0.24
(4)	lnK	0.05	0.10	0.15
(4)	lnG	0.35	0.56	0.91

注:此表列出的是表 4.7 中模型解释变量的效应分解。

鉴于本章的研究目的是检验中国区域收入空间依赖是否存在,此处实证检验的结果分析应聚焦于参数估计值的显著性,而非参数估计值本身的大小。市场潜力在所有模型的估计结果中都对区域收入有显著的正向影响,外部市场潜力在个别模型估计结果中的显著性相对较弱,但是都在 5% 的水平上显著。需要注意的是,当使用政府支出作为控制变量时,表 4.5 中两种市场潜力变量系数的最小二乘估计值接近表 4.7 空间滞后模型中空间滞后变量系数的估计值。表 4.8 中对空间滞后模型中各变量总效应的估计接近表 4.7 中空间滞后模型的系数估计值,且效应分解表明各变量的间接效应大于直接效应。

4.5.4 稳健性检验

对于表 4.7 的估计结果的稳健性,本章进行了两项检验:第一,保持 2012 年截面数据不变,使用考虑 5 个最近邻域的标准化二元邻接权重矩阵,重新构造解释变量,得到不同的样本观测值,并重新对空间滞后模型和空间联合模型进行了极大似然估计,估计结果如表 4.9 所示;第二,保持变量构造方法不变,使用 2014 年的中国区域经济截面数据重新计算了所有指标,得到不同的样本观测值,并重新对空间滞后模型和空间联合模型进行了极大似然估计,估计结果如表 4.10 所示。

表 4.9　　　　　　　　稳健性检验结果一 (2012 年)

	空间滞后模型		空间联合模型					
	(1)	(2)	(3)	(4)	(5)	(6)	(7)	(8)
c	13.10*** (0.49)	22.03*** (1.75)	16.07*** (0.47)	8.87*** (0.43)	8.69** (0.62)	7.61** (0.16)	9.43*** (0.51)	9.21*** (0.56)
$w_3 u$			0.52** (0.09)	0.39*** (0.00)	0.63*** (0.04)	0.48*** (0.00)	0.82* (0.34)	0.31** (0.01)
$w_3 \ln y$	0.36** (0.00)	0.32* (0.06)	0.31* (0.09)	0.73*** (0.14)				
lnHMP					0.46* (0.11)	0.28* (0.08)		
lnEMP							0.29 (0.32)	0.18 (0.28)
lnK		0.09 (0.34)		0.04 (0.45)		0.17 (0.99)		0.10 (0.92)
lnG		0.16* (0.03)		0.21** (0.00)		0.04 (0.02)		0.15* (0.03)
AIC 值	-19.35	55.62	6.98	-12.27	5.30	14.48	11.63	17.61
RLM (error) 检验的 p 值	0.07	0.16	0.03	0.05	0.50	0.63	0.44	0.53
残差方差	0.29	0.33	0.21	0.33	0.49	0.66	0.76	0.53
Moran's I 统计量的 p 值	0.01	0.05	0.00	0.02	0.72	0.64	0.80	0.77
残差的 Moran's I 统计量	0.40	0.34	0.04	0.06	0.10	0.08	0.01	0.02

注:***、**、*分别表示在 1%、5% 和 10% 的水平上显著。被解释变量为 lny。括号内为标准差。

第4章 中国区域收入空间依赖的再检验

表 4.10　　　　　　　稳健性检验结果二（2014 年）

	空间滞后模型		空间联合模型					
	(1)	(2)	(3)	(4)	(5)	(6)	(7)	(8)
c	5.10*** (0.31)	12.13*** (0.43)	16.59** (1.31)	11.18*** (1.30)	6.98** (0.35)	8.32* (0.20)	7.99** (0.81)	8.50** (1.47)
$w_3 u$			0.20** (0.02)	0.33*** (0.00)	0.75** (0.05)	0.44* (0.03)	0.47** (0.18)	0.39* (0.38)
$w_3 \ln y$	0.39*** (0.09)	0.44** (0.10)	0.51* (0.24)	0.47** (0.20)				
lnHMP					0.26* (0.03)	0.83** (0.15)		
lnEMP							0.51* (0.04)	0.42* (0.14)
lnK		0.35*** (0.01)		0.30* (0.07)		0.06 (0.72)		0.14 (1.20)
lnG		0.30*** (0.00)		0.26*** (0.04)		0.06* (0.00)		0.12** (0.04)
AIC 值	8.34	55.66	-6.97	10.33	9.28	18.47	-10.58	58.64
RLM（error）检验的 p 值	0.20	0.01	0.25	0.19	0.12	0.53	0.30	0.53
残差方差	0.28	0.36	0.26	0.30	0.52	0.68	0.79	0.49
Moran's I 统计量的 p 值	0.01	0.01	0.01	0.03	0.21	0.29	0.32	0.65
残差的 Moran's I 统计量	0.36	0.37	0.01	0.03	0.08	0.12	0.02	0.09

注：***、**、*分别表示在1%、5%和10%的水平上显著。被解释变量为lny。括号内为标准差。

由表 4.9 中的稳健性检验结果可知，外部市场潜力系数估计值的显著性对空间权重矩阵构造方法的变化较为敏感。表 4.7 模型（8）中外部市场潜力系数估计值是显著的，而在表4.9中改变解释变量构造方法后的外部市场潜力系数估计值并不显著。由表4.10的稳健性检验结果可知，以2014年的中国区域经济数据计算出的观测值为样本，使外部市场潜力系数估计值的显著水平由表4.7中的1%减弱至10%，但估计结果仍是显著的，因此使用2014年的数据作为样本未影响到表4.7估计结果的稳健性。

由于市场潜力不同于解释变量的空间滞后项，对单纯使用市场潜力变量的工资方程进行检验时引出了误差项的空间自相关问题，该问题不仅对估计结果的性质产生影响，还对空间滞后模型的效应评估产生影响。此外，由于内生性问题，考虑内部市场潜力时RLM（error）检验的p值会降低。通过稳健性检验可知，当使用空间计量技术估计新经济地理学工资方程时，其实证检验的结果受一些技术细节的影响，其中使用外部市场潜力的估计结果对空间权重矩阵W的选择较为敏感。

4.6 本章小结

在以往对中国区域收入空间依赖研究的基础上，对比且整合新经济地理学的实证研究路径和空间计量经济学研究路径，使用同时考虑被解释变量空间滞后和误差项自相关两种特征的空间联合模型，对中国区域收入的空间依赖进行了再检验。

根据Harris对市场潜力的定义，使用绝对距离倒数空间权重矩阵对中国所有地区收入的加权和来衡量市场潜力，结果显示，中国的区域市场潜力空间结构自东向西呈现出新经济地理学意义上的"核心—边缘"模式。然而，基于Harris意义上的市场潜力来估计Krugman的工资方程时，不但空间依赖存在于被解释变量，而且估计结果的残差呈现出空间自相关。以往新经济地理学实证研究分别验证了被解释变量空间滞后和误差项空间自相关两种空间特征的普遍性，但缺乏对这两种空间特征的综合考察。

Harris意义上的市场潜力可看作是市场规模的空间滞后项，其使用未标准化的距离倒数作为权重对市场规模进行加权。将Harris意义上的市场潜力与空间计量经济学中广泛使用的空间滞后项进行比较，可得到两者之间主要差别在四个方面：变量设定时是否参考了被解释变量；权重矩阵是否标准化；加权求和时考虑的邻域数量；"对数值的空间滞后项"与"空间滞后项的对数值"问题。本章在

第4章 中国区域收入空间依赖的再检验

实证检验中分析了这四方面的差异对检验结果的影响。

根据实证检验结果,在一个方程中同时考虑被解释变量空间滞后和误差项空间自相关两种空间特征,可以得到中国区域收入存在空间依赖的结论。获得该结论的技术处理过程中,需要注意以下几点:市场潜力变量的使用会引发类似于空间滞后模型中的内生性问题,并影响总效应的计算;模型的内生性可通过空间权重矩阵的选择来解决;包含内部市场潜力会提高残差的 Moran'I 值;模型估计结果对政府支出控制变量较为敏感;私人部门投资控制变量的影响多数情况下并不显著。这些注意事项进一步引出的问题在本章只被部分地解决,并不会动摇在考虑被解释变量和误差项两种空间趋势的实证研究中所得到的中国区域收入存在空间依赖的结论。

第5章

中国区域收入空间依赖的变化趋势

5.1
理论背景

根据新经济地理学工资方程的推论,空间经济结构中的边缘地区和核心地区之间有一定的空间距离,导致边缘地区在劣势的经济地理因素制约作用下通常具有较低收入,而这种经济地理因素的制约作用在空间计量经济学中被表达为空间依赖,可由空间滞后变量或工资方程中的市场潜力变量来获取。空间经济结构中边缘地区收入较低引起的区域发展不平衡问题已引起了学者广泛关注。政府为促进区域协调发展,通常采取向较低收入地区倾斜的区域经济政策,这些政策对区域协调发展的作用效果值得深入分析。

5.1.1 "距离的诅咒"的提出及其在中国现实经济中的发展

由新经济地理学一般均衡框架得出的边缘地区收入较低的推论,与 Clark 等(1969)、Keeble 等(1982)、Faíña 和 López-Rodríguez(2006)对欧洲经济活动空间分布的考察结果相一致。多数基于中国经济数据的实证研究得出了相同或相近的结论,如范剑勇和张雁(2009)基于新经济地理学工资方程的实证研究认为,中国的区域收入差距同样可归因于各地区对外部市场的准入程度即市场潜力的差距;张秀生和陈慧女(2008)、王培暄(2012)基于不同理论的实证研究同样认为,经济地理或区位因素是造成当前中国东部与中西部经济差距的主要因素之一。Fingleton 和 Mccann(2007)、Linders 等(2008)、Disdier 和 Head(2008)基于欧洲经济数据的实证研究发现,这种经济地理因素对区域收入的影响随着区

第5章 中国区域收入空间依赖的变化趋势

域间交通设施的进步反而不断增强,Boulhol 和 De Serres(2010)最先把这种经济地理因素对区域收入的影响不断增强的现象称为"距离的诅咒"。

"距离的诅咒"问题产生于新经济地理学的"核心—边缘"空间经济模式之中。许政等(2010)的研究指出,这种"核心—边缘"空间经济模式和中国区域收入自东向西梯级递减的分布模式是一致的。中国中西部地区相对较低的收入和这些地区经济地理上的边缘性也是一致的,而目前尚无研究检验"距离的诅咒"现象是否同样存在于中国。然而,在过去十几年间,中国政府实施了西部大开发、中部崛起和东北振兴等经济战略,加强了中西部地区的基础设施建设,在一定程度上改变了中西部地区收入对经济地理因素的依赖,进而会对全国所有地区收入的空间依赖产生影响。本章基于新经济地理学工资方程,计算了1996~2015年市场潜力对中国区域收入的截面效应,分析了近二十年来中国区域收入空间依赖的变化趋势,发现中国区域经济战略的实施背景与区域收入空间依赖出现的转折在时间上具有一致性,为中国区域经济战略对"距离的诅咒"的削弱作用提供了证据。

5.1.2 相关实证研究路径的回顾

关于区域收入空间依赖的变化,以往文献中存在三条主要的实证研究路径。

首先,以往的新经济地理学文献在区域收入空间依赖变化研究上取得了有限的进展。Redding(2013)认为基于新经济地理学的实证研究在区域收入空间依赖存在性的验证上取得了一定成功,如 Redding 和 Schott(2003),Redding 和 Venables(2004),这类文献在新经济地理学研究框架内分析了边缘性对区域收入的影响。其中一部分研究如 López-Rodríguez 和 Faíña(2006)、Breinlich(2006)、刘修岩等(2007)等估计了不同时期同一研究样本区域的工资方程,而忽视了工资方程截面数据估计结果在时间维度上的变化,也未对估计结果进行敏感性分析。

其次,大量基于空间计量经济学的研究检验了中国区域经济增长的趋同或收敛,如林毅夫和刘明兴(2003)、彭国华(2005)、邹薇和周浩(2007)、覃成林和张伟丽(2009)、史修松和赵曙东(2011)、何雄浪等(2013)、朱国忠等(2014)、杨朝峰等(2015)的研究。国外方面,Monfort(2008)、Borsi 和 Metiu(2013)研究了欧洲地区的经济趋同。这类研究以新古典增长理论或新增长理论为基础,通过实证分析得到区域经济趋同的证据,认为区域经济增长模式和区域的初始收入水平相关。虽然区域经济总量或增长率的趋同不能反映区域收入空间依赖的变化趋势，但是如果考虑经济地理因素与区域的初始收入水平之间的相关性，这类研究结论就和"距离的诅咒"密不可分。

最后，对"距离之谜"和"距离的诅咒"的研究。在贸易全球化的背景下，尽管运输成本在不断减小，而多数贸易方面的实证研究得到的结果发现贸易量对距离的弹性没有随时间的推移而减小，Disdier 和 Head（2008）称其为"距离之谜"。相关文献对此有不同的解释，但到目前还没有一个广为接受的答案。"距离之谜"是关于距离对贸易量的影响的预测，而"距离的诅咒"是以贸易为基础关于市场潜力对收入的影响的预测。当使用贸易引力模型中的变量形式构造市场潜力变量时（如 Redding 和 Venables 2004 年研究中使用的变量构造方法），"距离的诅咒"就等价于"距离之谜"。Breinlich（2006）、Head 和 Mayer（2006）的研究表明，在对欧洲地区的工资方程的估计中，使用贸易引力模型中的变量形式构造市场潜力变量和使用 Harris（1954）提出的更简单的方法构造市场潜力变量能得到相似的结果。本书使用 Harris（1954）提出的市场潜力变量构造方法，逐年估计了 1996~2015 年中国的截面工资方程，避免了由"距离之谜"产生的经济意义解释问题。

5.1.3 需要解决的问题

Harris 意义上的市场潜力可看作是用距离倒数加权的各地区收入的空间滞后项。假定各期市场潜力变量的构造方式一致，则各期不同的市场潜力系数估计值可看作是区域收入空间依赖的变化标志，对于边缘地区来说，这些随时间变化的系数估计值可直接用于对"距离的诅咒"变化的分析。

然而，使用 Harris 意义上的市场潜力对新经济地理学工资方程的实证研究具有一定的局限性：新经济地理学用距离作为贸易成本的代理变量，但是距离有多种不同意义的测量，Rodríguez-Pose（2010）的研究表明，所有基于距离测量对工资方程进行实证估计的结果都会受到距离测量方法的影响。此外，相对于其他地区经济活动对本地收入的影响，一个地区内部的经济活动在更大程度上影响本地收入，而加入对区域内部经济活动的考虑，会进一步增加模型的内生性问题。这些问题在很大程度上被先前的文献忽视，且超出了新经济地理学领域的研究视角。

据此，本章分析了包含与不包含内部市场潜力以及是否使用工具变量的情况下，不同形式的工资方程估计结果的稳健性。设定一个考虑生产性公共支出与私人部门投资因素两个控制变量的基准形式的工资方程，分别使用极大似然估计法

第5章 中国区域收入空间依赖的变化趋势

和工具变量两阶段最小二乘法估计中国区域收入的空间依赖。包含控制变量的基准形式的工资方程有以下优点：(1) 控制变量可以获取一部分中国区域经济战略的外生影响；(2) 包含控制变量是一种量化空间依赖的谨慎做法；(3) 包含控制变量可以提高模型估计结果的稳健性。虽然 Breinlich (2006)、Boulhol 和 De Serres (2008) 的研究表明，包含控制变量时估计的区域收入空间依赖显著性降低，但是本书通过对该基准形式工资方程的估计，仍得到中国区域收入空间依赖的显著结果，并发现了中国区域收入对市场潜力的弹性在样本期内增长趋势减缓并出现转折的证据。然而，由第4章的分析可知，该结果对解释变量构造形式及估计方法较为敏感。

5.2 模型设定

5.2.1 理论模型

新经济地理学工资方程把区域收入表示为该地区市场潜力的函数。根据 Head 和 Mayer (2006) 推导的工资方程，均衡状态下 i 地区的名义工资 y_i 是该地区出售到所有 R 个地区的包含两种要素的商品的加权和的函数。其中一种要素反映 j 地区($j=1,2,\cdots,R$) 对 i 地区生产的商品的需求，用 j 地区消费制造业商品的总支出 $\mu_j E_j$ 除以一个 j 地区竞争水平因子 $S_j^{1-\sigma}$ 的商来表示，其中 σ 为反映产品差异化程度的产品替代弹性，μ_j 为制造业商品的支出份额；另一种要素确定了 i 地区商品销售到 j 地区的贸易成本，用 i 地区到 j 地区运输成本 T_{ij} 的 $(1-\sigma)$ 次幂来表示。均衡状态下的工资方程为：

$$y_i = \left(\sum_{j=1}^{R} T_{ij}^{1-\sigma} \frac{\mu_j E_j}{S_j^{1-\sigma}} \right)^{\frac{1}{\sigma}} = (\text{RMP}_i)^{\frac{1}{\sigma}} \tag{5.1}$$

Head 和 Mayer (2006) 把式 (5.1) 括号内的部分称为实际市场潜力。Krugman (1992, 1993) 强调了实际市场潜力的表达式和 Harris (1954) 提出的市场潜力测量公式 $\text{HMP}_i = \sum_{j=1}^{R} T_{ij}^{-1} E_j$ 的相似性。Harris (1954) 提出的市场潜力测量公式中，E_j 通常用来衡量 j 地区的市场规模。根据 Combes 等 (2008) 总结的处理方法，为了使 RMP_i 转化为 HMP_i，有必要假设各地区的制造业产品支出份额相等，即 $\mu_j = \mu = 1$，Fujita 等（1999）亦采用了同样的处理方法；根据 Head 和 Mayer（2014）等相关贸易引力模型研究文献中得到的稳健的实证研究结果，还需假设 $T_{ij}^{1-\sigma} = T_{ij}^{-1}$，且用地理距离代理贸易成本，即 $T_{ij} = d_{ij}$；此外，HMP_i 区别于 RMP_i 之处还在于缺少了竞争水平因子 $S_j^{1-\sigma}$，由于各地的竞争水平不可直接测量，在此假设 $S_j = S = 1$。在上述假设下，HMP_i 等价于 RMP_i。

5.2.2 实证模型

Head 和 Mayer（2006）在工资方程标准形式（5.1）的基础上，通过引入私人部门投资控制变量，对工资方程进行了扩展。本书参考其做法把政府生产性公共支出也引入工资方程。引入私人部门投资和生产性公共支出两个控制变量，并加入所考察的变量之外其他外生冲击的截面工资方程为：

$$y_{it} = \beta_0 + \beta_t + \beta_{1t} RMP_{it} + \beta_{2t} G_{it} + \beta_{3t} K_{it} + u_{it} \tag{5.2}$$

其中，时期 $t = 1, 2, \cdots, T$；地区 $i = 1, 2, \cdots, R$；控制变量 K_{it} 为私人部门投资，可被认为是外生的区域技术水平差异的代理；G_{it} 为生产性公共支出，可被认为是政府区域经济政策的外生影响的代理。式（5.2）包含一个截距项 β_t，假设该截距项在各地区都相同，而在各时期不同。α 是各期所有地区受到的共同冲击，u_{it} 收集了省略变量和模型假设之外的冲击。所有变量都经过对数处理。为了研究各解释变量的系数随时间的变化趋势，用截面数据对工资方程估计 T 次，可得到 RMP_{it} 变量系数 β_{1t} 的时间序列。

用每个时期的截面数据对工资方程进行普通最小二乘估计时，需假设 u_{it} 不存在空间自相关。而根据 4.4 节的分析可知，该假设在中国现实经济中并不成立。因此，在后面的实证研究中，使用式（5.2）与空间误差模型联立的空间联合模型进行估计，假设以 u_{it} 为元素的 $R \times T$ 矩阵 $u = Wu\lambda + \varepsilon$，其中 λ 为 $T \times 1$ 系数向量，以消除误差项存在的空间自相关。在模型的回归估计过程中，使用的是变量的对数形式，因此系数估计结果表达的是弹性的经济意义。

理论上，市场潜力变量的内生性与估计结果的准确性密切相关。如果构造市场潜力变量时包含本地区的商品需求市场，即内部市场潜力，内生性问题就会变得更加严重。如果该问题的影响大到一定程度，对中国区域收入空间依赖随时间变化趋势的获取会产生错误结论。根据 Kelejian 和 Prucha（1998）提出的解决空间计量模型解决内生性问题的广义最小二乘估计方法，在估计截面空间滞后模型时，可以用不同时期的解释变量作为被解释变量空间滞后项的工具变量。因此，为解决内生性问题,本书针对样本期内中国的经济数据使用工具变量法进行估计,并用标准空间计量模型的极大似然估计法、包含和不包含内部市场潜力的估计来分析估计结果的稳健性。

5.3 数据来源与处理

本章使用的数据来源为历年中国统计年鉴、各省统计年鉴及中国统计局网站,时间跨度为1996~2015年,地区范围为中国31个省级行政区(不包括香港、澳门和台湾)。为了提高区域收入对市场潜力弹性估计结果的稳健性,在工资方程的回归过程中加入生产性公共支出和私人部门投资因素两个控制变量,其衡量指标与4.2.4小节一致。

5.3.1 市场潜力变量的选择

现有研究中对于市场潜力的测度方法有两种。Harris(1954)定义市场潜力为绝对距离倒数$1/d_{ij}$作为权重对样本范围内所有区域收入的加权和。Redding和Venables(2004)用进口商固定效应作为不可观测的竞争水平因子$S_j^{1-\sigma}$的代理,构造了实际市场潜力变量,其中进口商固定效应用双边贸易引力方程估计得到。在市场潜力随时间变化的趋势研究中,基于以下四个原因,本章采用了Harris(1954)构造的市场潜力变量作为Redding和Venables(2004)构造的实际市场潜力变量的代理变量。

(1) Harris意义上的市场潜力在不同时期和区域都保持相同的权重赋予方法,而使用Redding和Venables(2004)构造的实际市场潜力带来了一些估计结果可比性上的难度。Boulhol和De Serres(2010)指出,Redding和Venables(2004)构造实际市场潜力时使用的地区竞争水平因子造成了不同时期、不同地区的市场潜力权重赋予方法均不相同,且实际市场潜力构造过程中,对区域收入的测度方法和Breinlich(2006)的做法有较大出入。因为这些因素可能导致不同时期的市场潜力的定义及权重赋予方法不同,所以这些问题在比较不同时期市场潜力系数估计值时将对结果产生关键影响。

(2) Redding和Venables(2004)的处理方法是基于地区间的贸易数据,如果对区域收入数据使用该处理方法就暗含了两方面的缺陷。一方面,对不同时期工资方程的估计要解决的是新经济地理理论中的"距离的诅咒"问题，若采用 Redding 和 Venables（2004）的处理方法容易和贸易理论中的"距离之谜"相混淆。Disdier 和 Head（2008）认为，"距离之谜"指全球化过程中地区间贸易量对距离的非减弹性，大量贸易方面的文献致力于该问题的模型化与解决，因此，对结果解释的多样性容易造成对本书所研究的区域收入空间依赖变化的偏离，而 Harris（1954）提出的简单的测度方法能对本章研究对象提供有用的初步观察。另一方面，当使用区域数据进行计量时，Redding 和 Venables（2004）的处理方法只针对区域间的贸易数据，而缺少区域内部贸易数据。Breinlich（2006）、Head 和 Mayer（2006）认为，针对区域内部贸易数据的缺失，需要额外的简化假设。

（3）尽管 Redding 和 Venables（2004）把距离作为反映贸易成本的指标，但是其实际市场潜力构造过程中距离所表达的意义仍不明晰。Linders（2008）认为距离可用来反映非贸易相关的壁垒，Rodríguez – Pose（2010）认为距离还可用来反映区域的空间位置特征和区域间的互相作用程度，此外，Yotov（2012）还把距离作为相对贸易成本的代理变量。即使在使用贸易数据进行计量时，基于距离构造的市场潜力来估计工资方程的结果解释仍会受这些因素的影响。而 Harris（1954）的处理方法使研究目的明确地聚焦在相对空间位置对区域收入的直接影响上。

（4）Harris 意义上的市场潜力在构造形式上比其他任何文献中的市场潜力形式都简单，而在实证中使用这些不同形式的市场潜力通常得到一致的结果。Breinlich（2006）、Head 和 Mayer（2006）在比较 Harris（1954）、Redding 和 Venables（2004）提出的两种不同的市场潜力测度方法时，发现使用两者得到的实证结果具有一致性。

5.3.2 内部市场潜力的处理

所有构造市场潜力的实证研究都必须处理区域内部市场潜力的问题。本章按照常用的处理方法，把区域内部市场潜力定义为本地市场规模与区域内部距离之商。计算区域内部距离的标准方法是假设区域是面积为 $area_i$ 的圆形，则区域的半径为 $r_i = \sqrt{area_i/\pi}$。Keeble 等（1982）对区域内部距离的计算的方法中，令 $d_{ii} = 1/3 \cdot r_i \approx 0.188 \sqrt{area_i}$，以衡量区域内部经济活动发生在该区域地理中心的周边范围，这种方法和剑桥计量经济学会（2014）采用区域半径的 0.4 倍的处理方法类似。

由所有31个区域的样本数据计算结果可知,内部市场潜力平均占市场潜力的份额为40.79%,然而该数值受首都或直辖市等一些经济规模较大而面积较小的区域影响,例如,2012年北京、上海和天津等地的内部市场潜力占市场潜力的份额均在60%以上。因此,一个更好地衡量内部市场潜力占市场潜力份额的统计量是中位数。经计算可知,当参考Keeble等(1982)使用区域半径的1/3作为区域内部距离时,混合数据样本的内部市场潜力占市场潜力份额的中位数为20.94%;而当使用区域半径的2/3作为区域内部距离时,该中位数为27.42%。由此可知,Keeble等(1982)的处理方法使内部市场潜力和外部市场潜力有更低的分化程度。

另外,在测量市场潜力时,内部市场潜力的存在不但带来难以处理的内生性问题,而且增加了区域收入对内部市场潜力依赖的经济学意义解释难度。然而,省略内部市场潜力则会因降低一些本地市场规模较大地区的准入程度而引起较大的测量误差。根据Breinlich(2006)、Head和Mayer(2006)的稳健性分析结果来看,使用区域半径的1/3作为区域内部距离,得到的计量结果置信区间范围更广。基于以上两方面的原因,本书不延续Keeble等(1982)和剑桥计量经济学会(2014)的处理方法,而使用区域半径的2/3来计算区域内部距离。

5.4 描述性统计与中国区域收入的"核心—边缘"空间模式

5.4.1 描述性统计

"距离的诅咒"主要针对处于经济地理意义上边缘地区的经济发展落后问题提出。将中国全部31个省级行政区按照经济发展水平和地理位置两种原则分别划分为两种类型:一方面,按照2012年区域人均产业增加值高于或低于当年全国人均产业增加值,把样本区域划分为较发达地区和较不发达地区;另一方面,计算各地省会或直辖市到东部地区三个中心城市(北京、上海或广州)中最近一个的距离作为该地距中心城市的距离,按照各地距中心城市的距离大于或小于所有地区该距离的平均值,把样本区域划分为核心地区和边缘地区。表5.1显示了基于1996~2015年混合数据计算的这四种类型区域的部分描述性统计量。

表 5.1　　　　　　　主要变量的描述性统计

描述性统计量	所有地区	较发达地区	较不发达地区	核心地区	边缘地区
人均产业增加值（元）	24611	30264	18956	27397	21824
市场潜力均值	20390	25051	15727	27287	13491
外部市场潜力均值	17170	20122	14217	22806	11532
内部市场潜力比重（%）	27.42	56.68	10.52	49.42	4.60
生产性公共支出均值（亿元）	1557.56	1830.75	1177.42	2151.08	1274.93
私人部门投资均值（亿元）	1725.92	2183.61	744.57	2925.49	1564.86
区域收入年均增长率（%）	12.86	12.04	13.57	12.18	14.29

根据以上划分标准，吉林、黑龙江、重庆、四川、贵州、云南、西藏、陕西、甘肃、青海、宁夏、新疆等 12 个边缘地区全部属于较不发达地区。正如新经济地理学工资方程所预测的情况，表 5.1 的数据显示出中国边缘地区的区域收入低于核心地区的收入。1996~2015 年，较不发达地区收入年均增长率高于较发达地区收入的年均增长率，意味着中国区域经济存在绝对收敛。边缘地区收入年均增长率高于核心地区收入的年均增长率，初步表明边缘地区有脱离"距离的诅咒"的倾向。

5.4.2　中国区域收入的"核心—边缘"空间模式

根据 5.1 节的分析，产生"距离的诅咒"问题的空间经济模式，和中国区域收入自东向西的"核心—边缘"空间分布模式是一致的。表 5.2 显示了 2012 年中国区域收入的对数。

表 5.2　　　　　　　中国各地区收入对数（2012 年）

省份	区域收入对数	省份	区域收入对数
北京	10.39353	湖北	10.36006
天津	10.35438	湖南	10.21181
河北	10.69001	广东	10.95729
山西	10.09444	广西	9.596834
内蒙古	9.778633	海南	8.503846

第 5 章 中国区域收入空间依赖的变化趋势

续表

省份	区域收入对数	省份	区域收入对数
辽宁	10.22594	重庆	9.647564
吉林	9.821057	四川	10.13795
黑龙江	9.705543	贵州	9.124303
上海	10.62784	云南	9.275902
江苏	11.16999	西藏	6.526588
浙江	10.87915	陕西	9.757939
安徽	10.66391	甘肃	8.797039
福建	9.961008	青海	8.153681
江西	9.991434	宁夏	8.141383
山东	10.99822	新疆	8.892951
河南	10.55161		

由表 5.2 可知，区域收入较高的地区主要位于东部沿海和南部沿海等核心地区。核心地区之外，高收入区域只有一个省份，即内蒙古。区域收入较低的省份则全部位于边缘地区。因此，表 5.2 显示出中国区域收入的空间分布呈现出新经济地理学意义上的"核心—边缘"模式。而给定市场潜力是区域收入的加权和，第 4.4 节中各地的市场潜力显示出更为集中的分布，从而表现出更清晰的"核心—边缘"结构；同时，表 5.1 中边缘地区的市场潜力均值仅接近核心地区市场潜力均值的一半，该差距远大于边缘地区与核心地区人均收入均值的差距。这两种特征说明市场潜力可作为获取中国区域收入"核心—边缘"模式的一种程式化路径。

用区域人均产业增加值对数来反映待考察的工资方程中的被解释变量区域收入，同时以各地省会或直辖市到东部地区三个中心城市（北京、上海和广州）中最近一个的距离作为横轴，图 5.1 显示了使用 2012 年截面数据描绘的区域收入的空间分布。

图 5.1 中的回归线向右下方倾斜，表明经济地理意义上的核心地区具有较高的区域收入，而经济地理意义上的边缘地区具有较低的区域收入。由图 5.1 可知，中国空间经济的"核心—边缘"结构和地理上的"东—中西"结构或"沿海—内地"结构具有一致性。

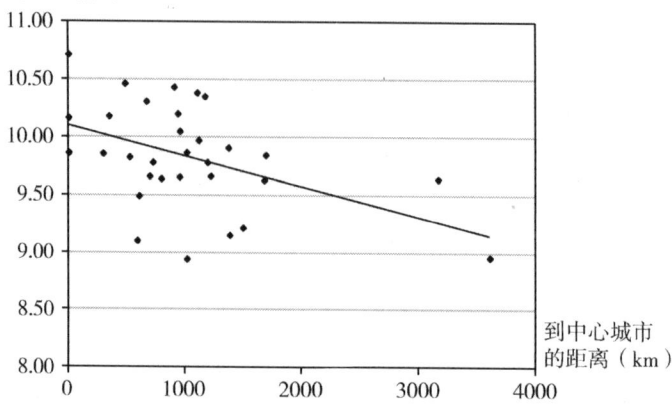

图 5.1 区域收入（2012 年）和各地到中心城市的距离

5.5 基准回归

5.5.1 混合最小二乘回归

表 5.3 列出了使用混合数据对式（5.2）进行回归的结果。每个系数估计值后都显示了两种标准差：由普通最小二乘估计得到的标准差（上方）和考虑任意形式的自相关和异方差的聚类修正标准差（下方）。模型（1）~模型（3）的估计结果显示，生产性公共支出、私人部门投资和市场潜力分别独自作为解释变量时，模型的调整可决系数分别为 0.63、0.38 和 0.52。当市场潜力单独作为解释变量时，区域收入对市场潜力的弹性为 0.42；当加入控制变量时，该弹性下降到 0.25~0.38。模型（7）估计结果的标准差显示，当加入地区虚拟变量时，私人部门投资变量失去显著性，这说明私人部门投资的影响在部分程度上是地区特征造成的，而市场潜力的系数估计值对地区虚拟变量并不敏感。尽管如此，为提高结果的稳健性，在后面的地区分类的基准回归中，仍加入了私人部门投资控制变量。

第5章 中国区域收入空间依赖的变化趋势

表5.3　基准混合数据普通最小二乘估计（1996～2015年）

	(1)	(2)	(3)	(4)	(5)	(6)	(7)
截距	12.49 (0.04)*** (0.12)	16.82 (0.04)*** (0.02)	6.45 (0.08)** (0.32)	7.29 (0.03)*** (0.09)	9.41 (0.03)*** (0.29)	5.02 (0.02)* (0.18)	−3.74 (0.71) (1.40)
市场潜力			0.42 (0.01)*** (0.05)***	0.28 (0.00)*** (0.03)***	0.26 (0.00)*** (0.03)***	0.25 (0.00)*** (0.03)***	0.38 (0.01)*** (0.05)**
生产性公共支出	0.51 (0.01)*** (0.04)***			0.41 (0.01)*** (0.03)***	0.27 (0.01)*** (0.03)***	0.27 (0.01)*** (0.03)***	0.36 (0.01)*** (0.06)**
私人部门投资		0.23 (0.06)** (0.14)*			0.16 (0.10) (0.33)	0.17 (0.05)* (0.28)	0.09 (0.04)* (0.16)
年份虚拟变量	否	否	否	是	是	是	是
地区虚拟变量	否	否	否	否	否	否	是
可决系数	0.63	0.39	0.53	0.70	0.73	0.72	0.83
调整可决系数	0.63	0.38	0.52	0.69	0.73	0.72	0.82
误差平方和	78.53	235.35	188.26	66.38	52.39	50.38	20.20
样本数	620	620	620	620	620	558	620

注：***、**、*分别表示在1%、5%和10%的水平上显著。被解释变量为区域人均产业增加值。上方括号内和下方括号内分别为普通最小二乘估计标准差和聚类修正标准差。

在表5.3中，与模型（5）不同的是，模型（6）参考Redding和Venables（2004）使用滞后解释变量的做法，使用市场潜力的2期滞后值作为解释变量来减轻内生性问题。结果显示，在损失1996年和1997年数据的情况下，系数估计值和显著性未发生较大变化，原因在于混合数据估计中每年的截面数据都具有相似的结构。后面将在不考虑内部市场潜力的情况下对模型（6）的估计结果进行稳健性检验。

表5.4显示了分地区类型的混合数据的回归结果，该结果和使用所有地区样本混合数据的回归结果有几处不同，如核心地区的私人部门投资系数估计值在该

结果中都不显著。此外，根据聚类修正标准差可知，核心地区市场潜力系数估计值不显著，可能的原因是按前面标准划分的核心地区包含河北、山西、安徽、江西、河南、湖北、广西和海南等较不发达地区。在其余三个类型地区的回归中，区域收入对市场潜力的弹性在 0.37~0.71。

表5.4　地区分类的混合数据普通最小二乘估计（1996~2015年）

	较发达地区	较不发达地区	核心地区	边缘地区
截距	3.21 (0.11)*** (0.40)***	1.08 (0.17)*** (0.69)**	2.65 (0.03)*** (1.74)	1.79 (0.01)*** (0.03)***
市场潜力	0.48 (0.01)*** (0.04)*	0.37 (0.01)*** (0.03)**	0.31 (0.04)** (0.07)	0.71 (0.01)*** (0.03)***
生产性公共支出	0.49 (0.01)*** (0.05)***	0.54 (0.02)*** (0.06)***	0.67 (0.01)*** (0.05)***	0.58 (0.01)*** (0.04)***
私人部门投资	0.18 (0.07) (0.09)	0.08 (0.11) (0.42)	0.04 (0.09) (0.34)	0.03 (0.21) (0.74)
可决系数	0.65	0.77	0.78	0.84
调整可决系数	0.64	0.76	0.77	0.83
误差平方和	23.58	24.93	20.67	30.64
样本数	200	420	380	240

注：***、**、*分别表示在1%、5%和10%的水平上显著。被解释变量为区域人均产业增加值。上方括号内和下方括号内分别为普通最小二乘估计标准差和聚类修正标准差。

5.5.2　工具变量回归

根据第4章的分析，由于普通最小二乘估计结果的残差存在空间自相关，不符合普通最小二乘估计的基本假设，同时市场潜力变量引起的内生性问题导致普通最小二乘估计结果有偏。在估计1996~2015年市场潜力历年的截面弹性之前，以2012年的数据为例使用空间联合模型和工具变量估计法解决以上两个问题。

第5章 中国区域收入空间依赖的变化趋势

表 5.5 和表 5.6 显示了基于 2012 年的数据式（5.2）的普通最小二乘估计结果，空间联合模型的极大似然估计结果，以及使用 2010 年的市场潜力、到中心城市的距离和区域面积三个工具变量的两阶段最小二乘估计结果。表 5.5 的估计中使用市场潜力作为解释变量，而表 5.6 的估计中使用外部市场潜力作为解释变量。

表 5.5　　　　　　使用市场潜力变量的估计结果（2012 年）

	OLS	ML	第一阶段估计			第二阶段估计		
	（1）	（2）	（3）	（4）	（5）	（6）	（7）	（8）
截距	1.99 (0.50)	7.55* (1.03)	1.94** (0.15)	2.06*** (0.05)	2.64* (1.36)	0.92 (0.54)	1.06* (0.25)	0.91 (0.56)
生产性公共支出	0.18** (0.03)	0.04* (0.00)	-0.06** (0.01)	0.20*** (0.07)	0.48** (0.10)	0.71** (0.04)	0.74*** (0.01)	0.71*** (0.01)
私人部门投资	0.07 (0.45)	0.09* (0.06)	0.10 (0.52)	0.22** (0.02)	0.16* (0.09)	0.19 (0.38)	0.11 (0.27)	0.54 (0.51)
市场潜力	0.79*** (0.00)	0.44* (0.15)				0.65*** (0.03)	0.62** (0.09)	0.54* (0.10)
误差项的空间滞后		0.84*** (0.00)				0.62* (0.10)	0.70** (0.04)	0.54 (0.23)
2010 年市场潜力			0.92*** (0.07)					
距中心城市的距离				-1.65*** (0.06)				
区域面积					-0.42* (0.10)			
可决系数	0.58		0.51	0.70	0.31	0.62	0.81	0.44
残差的 Moran's I	0.49	0.19						
弱工具变量检验 p 值						0.00	0.00	0.00
Durbin-Wu-Hausman 检验 p 值						0.00	0.07	0.93

注：***、**、*分别表示在 1%、5% 和 10% 的水平上显著。被解释变量为区域人均产业增加值。括号内为标准差。

表 5.6　　　　使用外部市场潜力变量的估计结果（2012 年）

	OLS	ML	第一阶段估计			第二阶段估计		
	(1)	(2)	(3)	(4)	(5)	(6)	(7)	(8)
截距	6.23 (1.34)	5.09*** (0.11)	1.13*** (0.18)	1.95*** (0.04)	2.55 (1.39)	0.89 (0.57)	0.95 (0.55)	0.72 (0.62)
生产性公共支出	0.24** (0.00)	0.15** (0.02)	-0.06*** (0.05)	-0.12* (0.05)	0.43** (0.11)	0.74*** (0.04)	0.75*** (0.05)	0.70*** (0.05)
私人部门投资	0.13 (0.63)	0.03 (0.95)	0.05 (0.42)	0.11 (0.14)	0.02 (0.10)	0.15 (0.39)	0.06 (0.19)	(0.21) (0.42)
外部市场潜力	0.66*** (0.09)	0.50*** (0.03)				0.45* (0.13)	0.64* (0.13)	0.48** (0.06)
误差项的空间滞后		0.80** (0.17)				0.70** (0.07)	0.58** (0.03)	0.75 (0.23)
2010 年市场潜力			0.99*** (0.05)					
距中心城市的距离				-1.52*** (0.04)				
区域面积					-0.08* (0.03)			
可决系数	0.54		0.74	0.50	0.51	0.62	0.61	0.44
残差的 Moran's I	0.35	0.00						
弱工具变量检验 p 值						0.00	0.00	0.00
Durbin-Wu-Hausman 检验 p 值						0.05	0.10	0.33

注：***、**、* 分别表示在 1%、5% 和 10% 的水平上显著。被解释变量为区域人均产业增加值。括号内为标准差。

表 5.5 和表 5.6 中模型（1）残差的 Moran's I 统计量显著，表明普通最小二

第5章 中国区域收入空间依赖的变化趋势

乘估计的残差项存在空间自相关。根据4.5.2节给出的LM检验和RLM检验结果,空间联合模型是较合适的实证模型。比较表5.6模型(1)和模型(2)发现,普通最小二乘估计结果和空间联合模型ML估计结果中,外部市场潜力的系数估计值较为接近,分别为0.66和0.50,而使用市场潜力进行空间滞后模型估计的系数估计值相差较远,说明不考虑内部市场潜力可减轻内生性影响。此外,经计算空间滞后模型中外部市场潜力的总效应为0.67,与表5.6第(2)列的外部市场潜力系数估计值0.50较为接近。

根据5.2.2节的讨论,内部市场潜力会带来较严重的内生性问题。但是在省略了内部市场潜力之后,和空间滞后模型中的空间滞后项类似,外部市场潜力仍具有一定程度的内生性,因此表5.6同样给出了两阶段工具变量回归结果。工具变量回归中所用到的工具变量为2010年的市场潜力、到中心城市的距离和区域面积,其中,2010年的市场潜力使用的是滞后2期的市场潜力值,而到中心城市的距离和区域面积使用地理测量数据,第(3)、第(4)、第(5)列分别为对应第(6)、第(7)、第(8)列的第一阶段回归结果。

以上三种工具变量存在一定的缺点:第一,从长期看,市场潜力变量的二阶滞后值并未完全排除内生性的可能。第二,到中心城市的距离隐含地确定了中国区域经济的"核心—边缘"空间结构。第三,理论上,区域面积工具变量的使用能潜在地从市场潜力中消除内部市场潜力部分的影响。表5.5第(5)列显示了区域面积和市场潜力的负相关关系,虽然可以解释为区域面积较大地区的区域内部距离较大而降低了内部市场潜力和总市场潜力,但是表5.6第(5)列使用外部市场潜力的回归结果仍显示出负相关关系,这可能是由于一些地理上的边缘地区通常面积较大且具有较低的外部市场潜力(见表5.1)。尽管存在这些缺点,弱工具变量检验结果表明这些工具变量并非弱工具变量,因此该方法仍可作为解决市场潜力内生性问题的一种方法。Durbin-Wu-Hausman检验结果表明,使用2010年的市场潜力或到中心城市的距离作为工具变量并未消除市场潜力的内生性,而使用区域面积作为工具变量可以消除市场潜力的内生性。

表5.5第(1)、(2)、(6)、(7)、(8)列的市场潜力系数估计值较为接近,都在0.44~0.79。由于外部市场潜力在一定程度上消除了内生性,表5.6第(1)列中外部市场潜力系数的普通最小二乘估计结果和极大似然估计结果、工具变量估计结果亦基本一致。因此,分析结果并未显示市场潜力变量或外部市场潜力变量存在能引起普通最小二乘估计结果偏差的强内生性证据。此外,当空间联合模型剔除内部市场潜力但包含控制变量时,外部市场潜力的系数估计结果的显著性并未发生较大变化。因此,本章研究在估计区域收入对市场潜力历年的截

面弹性时，采用包含内部市场潜力的市场潜力变量作为解释变量，而采用外部市场潜力变量作为解释变量检验该估计结果的稳健性。

5.6 中国区域收入空间依赖变化趋势测度

5.6.1 中国区域收入历年 Moran's I 的计算

区域收入空间依赖产生的基础是区域之间的经济联系，可用空间自相关指标进行初步检验。空间自相关指标有全域和局域两种。全域空间自相关描述的是样本空间范围内所有单元的整体空间关系。由于本章关注的产生"距离的诅咒"问题的"核心—边缘"模式属于全域空间分布模式，在这种情况下，样本空间范围内空间自相关的局部空间变异不是我们主要关注的问题，所以这里只计算并显示了反映区域收入空间自相关的全域 Moran's I 统计量，时间跨度为 1996~2015 年，如图 5.2 所示。

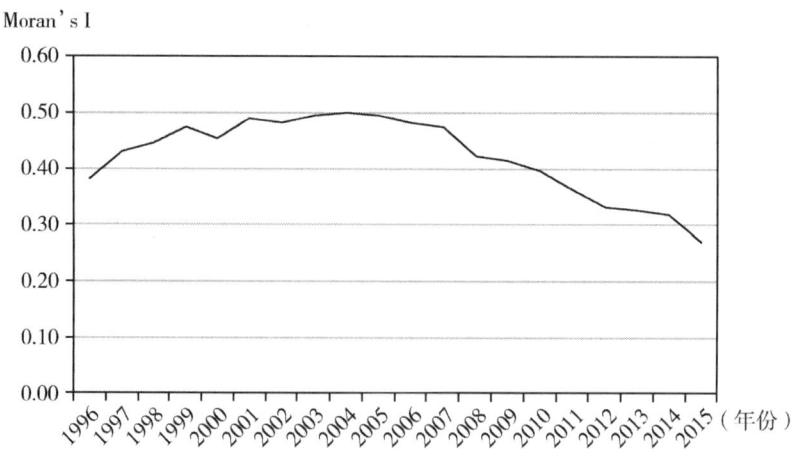

图 5.2　1996~2015 年中国区域收入 Moran's I 值变化

由图 5.2 可以看出，中国区域收入的空间自相关在 2004 年之前处于缓慢增强阶段，在 2004 年之后处于快速减弱阶段。通过空间自相关的变化趋势分析可

第5章 中国区域收入空间依赖的变化趋势

知,中国区域收入的空间联系在2004年发生了转折。根据3.3.3小节的分析,该转折点与中国产业份额空间结构变化趋势的转折点在时间上重合,比西部大开发开始实施的时间点1999年滞后了5年,由此可初步判定,中国区域经济战略对区域收入的空间联系产生了一定作用。

5.6.2 中国区域收入对市场潜力历年截面弹性的估计

如果实证模型中内生性的可能影响不随时间变化,则区域收入对市场潜力截面弹性随时间发生的任何的变化,都将归因于市场潜力的相对重要性的变化,即区域收入空间依赖的变化。在此前提下,以区域面积作为工具变量,对不同年份的截面工资方程进行两阶段最小二乘估计,得到历年市场潜力的截面弹性估计值。图5.3显示了所有地区和用经济发展水平分类地区的1996~2015年中国区域收入对市场潜力截面弹性估计值的变化趋势。

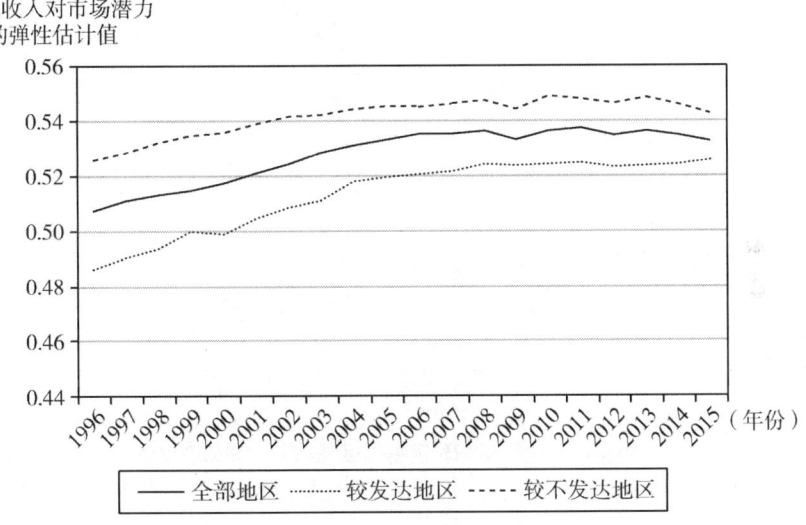

图 5.3 1996~2015年中国区域收入对市场潜力的
弹性变化(按经济发展水平分类)

从图5.3可以看出,中国区域收入对市场潜力的弹性在2006年之前处于上升阶段,而在2006年之后趋于平缓,且个别年份出现下降。该转折点出现在西部大开发战略实施7年之后,与中部崛起战略开始实施的时间点基本重合,接近图5.2中Moran's I值的转折点,验证了空间自相关变化趋势分析的结论,说明中国区域收入空间依赖的增强趋势在区域经济战略实施期间开始消失。

图 5.3 中较不发达地区的收入市场潜力弹性值高于较发达地区的收入市场潜力弹性值，反映出较不发达地区的空间依赖强于较发达地区的空间依赖，这意味着经济地理因素对较不发达地区收入的作用强于经济地理因素对较发达地区收入的作用。此外，较发达地区和较不发达地区收入对市场潜力的弹性值具有收敛的倾向，说明较发达地区和较不发达地区之间的收入空间依赖正在加强，这种效应抵消了一部分全部地区收入空间依赖的减弱作用，因此全部地区收入空间依赖在转折点后基本保持平缓。

为更直接地观察经济地理意义上的边缘性对边缘地区收入的影响，图 5.4 显示了用地理位置分类地区的 1996~2015 年中国区域收入对市场潜力的截面弹性估计值变化趋势。

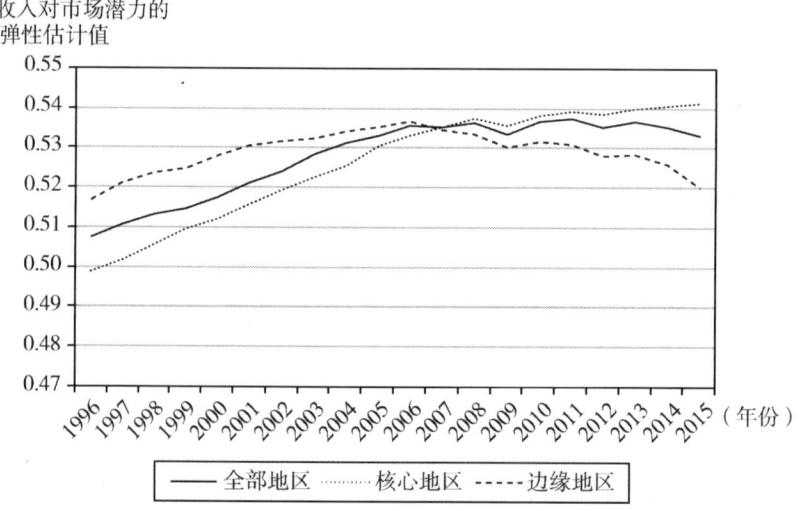

图 5.4　1996~2015 年中国区域收入对市场潜力的弹性变化（按地理位置分类）

观察图 5.4 可以得到三个结果：（1）除了 2009 年和 2012 年之外，核心地区的收入市场潜力弹性在样本期内一直处于上升趋势；（2）2006 年之前，边缘地区的收入市场潜力弹性处于上升趋势，且高于核心地区的收入市场潜力弹性；（3）2006 年之后，边缘地区的收入市场潜力弹性在多数年份处于下降趋势，且在 2007 年开始低于核心地区的收入市场潜力弹性。结果（1）和结果（2）与相关贸易理论研究得到的贸易量对距离的非减弹性结论一致，结果（3）说明，经

第5章 中国区域收入空间依赖的变化趋势

济地理意义上的边缘性对边缘地区收入的作用从2006年后开始减弱,中国的区域经济战略使边缘地区开始脱离"距离的诅咒"。

理论上,以交通基础设施建设为主的区域经济战略会加强区域间的经济联系和依赖。而图5.2显示,中国所有地区间的空间经济联系在区域经济战略实施4年后由增强趋势转为减弱趋势。进一步的空间依赖变化分析表明,中国较发达地区与较不发达地区的收入空间依赖随着区域经济战略的实施出现趋同,而边缘地区收入空间依赖随着区域经济战略的实施出现减弱趋势。因此,区域经济战略的作用实际上是减弱了边缘地区收入对其边缘性的依赖,而使较不发达地区和较发达地区的收入从空间依赖层面上趋同,所以并不与理论相矛盾。

综上所述,通过估计1996~2015年中国区域收入对市场潜力的空间依赖,可得到边缘性对中国边缘地区收入的影响由强转弱,以及经济地理因素对中国所有地区收入的平均影响由强转弱的结论。该结论和5.4.1小节边缘地区收入年均增长率高于核心地区收入的年均增长率的初步分析结论是一致的。中国的区域经济战略开始实施前,区域收入对市场潜力的空间依赖一直处于增强趋势;而区域收入空间依赖的转折点处于中国区域经济战略开始实施数年之后,因此可以初步推断,在中国的区域经济战略的作用下,中国边缘地区正在缓慢脱离"距离的诅咒"。

5.6.3 稳健性检验

为检验前述结论的稳健性,结合第5.5.2节的分析,用外部市场潜力代替市场潜力作为解释变量,使用区域面积作为工具变量的两阶段最小二乘法,估计1996~2015年中国区域收入对外部市场潜力历年的截面弹性,得到该估计值的变化趋势,结果如图5.5所示。

在图5.5中,中国区域收入对外部市场潜力的弹性估计值在2006年之前保持上升趋势,与图5.3、图5.4中收入市场潜力弹性估计值2006年之前的上升趋势一致,但表现更为明显。2006年之后,区域收入外部市场潜力弹性估计值的上升趋势消失,除个别年份外,都呈现出较图5.3和图5.4中所有地区收入市场潜力弹性估计值更为明显的下降趋势。这种结果产生的原因可能是外部市场潜力变量剔除了市场潜力中内部市场潜力产生的内生性。该结果表明,中国区域经济战略实施后,所有地区收入空间依赖由增强趋势转为减弱趋势的结论是稳健的。

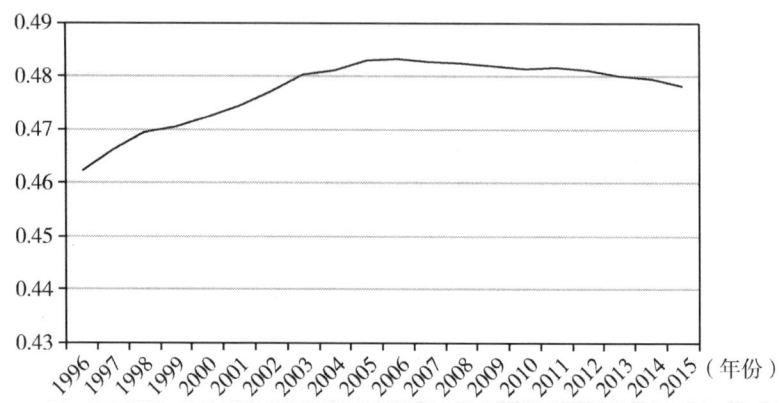

图 5.5 1996~2015 年中国区域收入对外部市场潜力的弹性变化

5.7
本章小结

本章基于 Harris 意义上的市场潜力，选择工具变量进行区域收入空间依赖的两阶段最小二乘估计，得到了 1996~2015 年中国区域收入对市场潜力的截面弹性变化趋势，并用不包含内部市场潜力的解释变量进行了稳健性检验。样本期间中国陆续实施了以基础设施建设为主的区域经济战略，对中国区域经济的空间联系产生了多方面作用，因此该实证研究对中国区域经济战略实施后空间经济联系及"距离的诅咒"效应变化的研究具有一定指导意义。

实证结果显示，中国区域收入的 Moran's I 统计量和空间依赖在区域经济战略实施期间经历了一次转折，转折的时间点分别为 2004 年和 2006 年。以地理位置划分的地区类型中，边缘地区的收入空间依赖在转折点后的减弱趋势更为明显，而核心地区的收入空间依赖快速增强的趋势有所减缓；以经济水平划分的地区类型中，较发达地区和较不发达地区的收入空间依赖出现趋同，所有地区收入的平均空间依赖整体增强趋势消失。基于外部市场潜力的稳健性检验结果证明了该结论的稳健性。

以上结果表明，中国的区域经济战略实施期间，区域收入的空间依赖由增强

第5章 中国区域收入空间依赖的变化趋势

趋势转为减弱趋势,即经济地理因素对区域收入的影响开始减弱,边缘地区开始脱离"距离的诅咒"。中国的区域经济战略最主要的措施是以基础设施建设为主的生产性公共支出向中西部边缘地区的大力倾斜。基础设施建设形成的空间经济联系已有一定的实证研究基础,因此,生产性公共支出的倾斜通过何种机制改变中国区域收入空间依赖有待进一步研究。

第6章

生产性公共支出与区域收入空间依赖变化

6.1 理论背景

从第5章基于1996~2015年中国区域经济数据的回归分析结果来看,除了市场潜力以外,作为控制变量的生产性公共支出的弹性估计值也在多数估计结果中显著。在第5章结论中,样本期内中国区域收入空间依赖在区域经济战略实施后出现由强转弱的趋势,边缘地区正逐渐地脱离"距离的诅咒"。中国区域收入空间依赖发生转折的时间点相较于区域经济战略开始实施的时间点有所滞后,但从长期来看,中国区域收入空间依赖的转折与区域经济战略的背景在时间上具有一致性,因此本章从中国区域经济战略背景出发来分析中国区域收入空间依赖的变化原因。

6.1.1 中国的倾斜性区域经济政策与区域收入空间依赖

改革开放以来,中国在取得巨大经济成就的同时,形成了以东部地区为核心的"核心—边缘"空间经济结构,且核心地区与边缘地区收入差距不断拉大。为缩小这种区域收入差距,政府自1999年开始陆续实施了西部大开发、东北振兴和中部崛起等区域经济战略,并在2013年提出"丝绸之路经济带"对外经济战略构想,以带动中国中西部地区的经济发展。在以上区域经济战略背景下,政

第6章 生产性公共支出与区域收入空间依赖变化

府的区域发展协调政策主要体现为以基础设施建设为主的生产性公共支出向边缘地区的倾斜。经计算,1996～2015年,中国东部地区、中部地区和西部地区实际公共支出年均增长率分别为15.59%、16.09%和17.12%,呈现自东向西依次递增的趋势。

相较于具有区域倾斜性的公共支出政策而言,中国的区域税收优惠政策未明显表现出对边缘地区的倾斜。马拴友和于红霞(2003)基于1994～2001年的数据计算指出,无论从狭义或广义的税负来看,西部地区的税负都重于中部地区。洪俊杰等(2014)的实证研究认为,中国区域经济战略并未给予中部和西部等边缘地区足够的税收优势。经计算,1996～2015年,中国东部地区、中部地区和西部地区税收占GDP比重的年均增长率分别为2.58%、4.22%和3.69%,中部和西部地区的税负年均增长率高于东部地区,中国区域税收政策向有利于核心地区的方向发展,并不利于区域经济的协调发展。因此,在研究中国区域收入空间依赖由强转弱的变化原因时,不考察区域经济战略中的税收优惠政策,而应把关注点聚焦在向边缘地区倾斜的公共支出政策。

自Aschauer(1988)的开创性研究以来,公共支出的宏观经济效应一直被学术界广泛关注。Aschauer(1988)发现公共支出对经济增长有显著负向影响,为解释这一现象,他将公共支出按功能划分为生产性支出和消费性支出,其中生产性公共支出的功能主要是基础设施建设。随后学者们又结合所观察到的区域基础设施禀赋差异,从区域维度分析公共支出对经济的冲击。多数文献对包含基础设施要素的生产函数进行估计,然而这种方法只能测出区域收入对本地生产性公共支出的弹性,即生产性公共支出对本地区域收入的直接作用。

6.1.2 引入生产性公共支出时需要考虑的问题

政府的生产性公共支出通过建设基础设施,在为本地生产者提供生产性服务的同时,也为与其发生贸易的邻近地区生产者提供生产性服务,因此生产性公共支出也通过空间外部性影响其他地区的收入。这种空间外部性通过生产者获得的生产性服务作用于产出,再通过区域内贸易和区域间贸易作用于区域收入,因此体现为一种货币外部性。Boarnet(1998)认为,这种空间外部性对经济的冲击尤为显著,甚至超过了直接冲击。然而,生产性公共支出的空间外部性作用长期被忽视。基于以上分析,本章从区域收入受到的本地区生产性公共支出的直接作用和邻近地区生产性公共支出的空间外部性出发,分析中国区域经济战略实施期间区域收入空间依赖的变化原因。

为了检验邻近地区生产性公共支出对本地收入的作用，现有研究通常把各地区的基础设施以一定的空间权重加总，以此作为基础设施生产要素的空间滞后变量来估计生产函数或成本函数，以检验一个地区的收入是否受其他地区基础设施外部性的影响，如 Chongen 等（2012）、张光南等（2013）。这种处理方法检验出的依赖作用基于这样一种事实：公路、铁路和通信设施等基础设施及有网络结构特点，可以加强区域间的经济联系，因此生产性公共支出会通过技术外部性影响到其所属区域之外生产者的全要素生产率。但是，生产性公共支出还会通过优化区域投资与就业环境、提高区域开放程度和竞争力等，产生一些非技术外部性。估计生产函数或成本函数的方法不能捕捉到这种非技术外部性，而本书在一般均衡框架下对改进的新经济地理学模型进行模拟分析，可以获取包含这种非技术外部性的空间效应。

向生产函数中引入生产性公共支出，所引发的一个问题是其对私人投资的拥挤效应。吴洪鹏和刘璐（2007）、刘忠敏等（2009）、陈时兴（2012）通过实证研究认为公共投资对私人投资不存在挤出效应；Alberto 和 Chiara（2012）从微观层面的理论分析认为公共投资挤入了私人投资。此外，刘卓珺和于长革（2006）、沙治慧（2012）、杨飞虎（2014）认为公共投资对私人投资的挤出程度取决于公共投资规模的最优点，这个公共投资规模的最优点取决于经济发展水平、生产结构的多样性和基础设施的完善程度。由于现有研究对生产性公共支出对私人投资的作用尚无定论，在模型设定中假设私人投资对生产性公共支出具有一定的拥挤效应，而不考虑生产性公共支出对私人投资的拥挤效应。

6.1.3　新经济地理学模型与政府行为

在宏观经济研究文献中，使用一般均衡分析的传统由来已久。随着 Fujita 等（1999）的新经济地理理论提出，距离作为空间因素被纳入一般均衡的框架，增强了一般均衡理论对区域经济问题的解释能力。然而在新经济地理学模型中，空间因素的作用机制是通过运输成本对商品价格产生影响，进而影响市场潜力和区域收入，缺少了传统的一般均衡分析中对政府主体行为的考察，不适用于中国区域经济战略的背景下生产性公共支出对区域收入空间依赖变化影响的研究。

为考察中国现实经济中以基础设施为主的区域生产性公共支出的影响，需要在 3.1.2 节新经济地理学的生产函数中引入基础设施，并对邻近地区基础设施的空间外部性以及私人投资对基础设施的拥挤效应加以考虑。引入基础设施后，需要相应地引入基础设施投资主体即政府的行为。此外，为与 3.1.4 节中多数新经

第6章 生产性公共支出与区域收入空间依赖变化

济地理学的模型扩展保持一致，本章在新经济地理学生产函数中引入私人投资要素，这意味着消费者的支出中有一部分用于投资，因此还需要对消费者行为作出相应调整。

综上所述，本章拟使用基于动态优化的宏观经济分析框架，在新经济地理学一般均衡框架中由生产者和消费者构成的两部门经济假设基础上引入政府部门，构建一个多地区动态一般均衡模型，模拟分析区域生产性公共支出倾斜对区域收入空间依赖的影响。在该模型中，消费者具有无限寿命；政府部门通过对消费支出、劳动收入和资本收入征税来实现财政收入，并且使用生产性公共支出，为所有生产者提供有拥挤成本的基础设施；一个地区的基础设施可以影响所有地区的技术水平，这种外部性随着区域间的距离衰减。使用 Kehoe 等（1992）提出的包含扭曲的"伪社会计划者"问题求解该动态一般均衡模型，根据中国区域经济数据及相关估计量对模型校准，之后进行数值模拟以解释先前的理论分析结果并进行经验分析。

6.2 一个改进的新经济地理学模型

考虑一个包含 N 个地区的经济体，每个地区都由具有无限寿命和相同偏好的家庭组成，第 i 个地区的人口占总人口比例为 l_i，不失一般性，把总人口标准化为一个单位，即 $\sum_{i=1}^{N} l_i = 1$。每个地区存在大量垄断竞争生产者，生产一种可跨区域贸易的异质性商品，并不断积累资本。地区间异质性技术水平 A_i 的提高可以提高商品差异化水平，从而提高消费者对商品的偏好，即降低商品替代弹性 σ。存在全国性的统一资本市场，资本可在地区间自由流动。存在一个中央政府，通过生产性支出建设基础设施，来提供生产性服务。

6.2.1 生产者行为

根据 Redding 和 Venables（2004）的模型设定，假设 3.1.2 节生产函数中的复合性要素投入 F_i 包括固定替代弹性的私人资本和劳动两种生产要素，则一个位于 i 地区的生产者生产函数形式为：

$$m_{it} = A_{it} k_{it}^{\alpha} n_{it}^{1-\alpha} \tag{6.1}$$

其中，A_{it}是区域间异质性的技术水平，反映复合性要素F_i的边际产出；k_{it}是 i 地区的平均私人资本存量；n_{it}是 i 地区的平均劳动时间。生产者盈利或亏损时可以自由进入或退出，因此，从长期来看，生产者的利润为零。在出厂价格p_{it}给定的情况下，根据利润最大化的条件，资本和劳动力的要素价格分别等于各自的边际产出价值，由此可以得到 i 地区的生产要素价格为：

$$r_{it} = \alpha p_{it} A_{it} k_{it}^{\alpha-1} n_{it}^{1-\alpha} - \delta \tag{6.2}$$

$$\omega_{it} = (1-\alpha) p_{it} A_{it} k_{it}^{\alpha} n_{it}^{-\alpha} \tag{6.3}$$

其中，r_{it}和ω_{it}分别是 i 地区的利率和工资，分别代表 i 地区的资本收入和劳动收入，δ是私人资本的折旧率。假设商品运输成本为 3.1.2 小节定义的冰山运输成本形式，商品由 i 地运输到 j 地后的价格为$p_{ijt} = p_{it} T_{ij}$。根据 3.1.2 小节的推导，零利润条件下所有地区消费者对 i 地生产的商品有效需求由式（3.9）给出，由式（3.9）可推得 i 地生产者面临的反需求函数。零利润条件下 i 地区生产者的定价当且仅当满足下面的反需求函数条件时才能达到收支平衡：

$$p_{it} = \left[\frac{1}{\bar{m}_{it}} \sum_{j=1}^{n} \frac{E_{Mjt} T_{ji}^{1-\sigma_t}}{S_{Mjt}}\right]^{\frac{1}{\sigma_t}} = \left(\frac{1}{\bar{m}_{it}} RMP_{it}\right)^{\frac{1}{\sigma_t}} \tag{6.4}$$

其中，E_{it}代表 i 地区 t 期的消费支出。Fujia 等（1999）在对模型进行标准化处理时，选取了合适的计量单位使模型得到简化。用A_t表示全国的总体技术水平，参考 Fujia 等（1999）的标准化处理方法，选择合适的计量单位使$1/\sigma_t = 1 - 1/A_t$，以保证σ_t随A_t的提高而降低。假设A_{it}和A_t分别完全取决于生产者从政府提供的基础设施I_{it}和I_t得到的生产性服务，并选取合适的计量单位使$A_{it} = I_{it}$和$1/\sigma_t = 1 - 1/I_t$，则运输成本$T_{ji}^{\sigma_t-1}$随I_t的增大而降低。由于跨区域贸易的存在，i 地区的厂商不仅从本地基础设施获得生产性服务，还从与其发生贸易的其他地区基础设施获得生产性服务。受拥挤成本限制，基础设施不是纯公共物品，根据 Fisher 和 Turnovsky（1998），假设厂商获得的生产性服务随着私人资本存量的增长而减少。全国总体基础设施提供的生产性服务对厂商来说是外生的，具体形式为：

$$I_t = \prod_{i \neq 1}^{N} \left[\frac{I_{it}}{d_{ij}(l_i k_{it})^{\nu}}\right]^{\zeta} = A_t \tag{6.5}$$

其中，I_t是 t 期全国总体基础设施存量，ζ是反映基础设施外部性的参数，ν是拥挤成本参数。

6.2.2 政府行为

政府对消费征税的税率为 τ_E，对劳动收入征税的税率为 τ_n，对资本收入征税的税率为 τ_k，用于支付生产性公共支出 G_t 和消费性公共支出 X_t。同时，参考 Marrero 和 Nocales 的设定，政府在 t 期对各地区每个家庭征收税率为 τ_t 的定量税以调节预算平衡，使在公共支出政策调整情况下每期的财政赤字仍保持为零，以便在模拟公共支出政策调整时隔离税收扭曲的影响。财政收支满足如下的预算平衡方程：

$$X_t + G_t = \sum_{i=1}^{N} l_i (\tau_E E_{it} + \tau_n \omega_{it} n_{it} + \tau_k r_t k_{it} + \tau_t) \tag{6.6}$$

其中，r_t 是国内统一资本市场的利率。假设生产性公共支出、消费性公共支出分别与总收入成固定比例 φ 和 η，可表示为：

$$G_t = \varphi \sum_{i=1}^{N} (l_i p_{it} m_{it}), X_t = \eta \sum_{i=1}^{N} (l_i p_{it} m_{it}) \tag{6.7}$$

设 i 地区生产性公共支出占区域收入的比例为 φ_i，g_{it} 为 i 地区 t 期的生产性公共支出，由上述设定可知 $g_{it} = \varphi_i \sum_{i=1}^{N} (l_i p_{it} m_{it})$ 且 $\sum_{i=1}^{N} \varphi_i = \varphi$。假设消费性公共支出不直接参与生产，而生产性公共支出以基础设施的形式积累。用 ζ 表示基础设施的折旧率，则 i 地区的基础设施积累方程为：

$$I_{i(t+1)} = G_{it} + (1 - \zeta) I_{it} \tag{6.8}$$

6.2.3 消费者行为

通过引入闲暇时间和跨期效用，对消费者效用函数式（3.1）加以改进。假设 i 地区消费者每期的收入用于消费 E_{it} 和储蓄 s_{it}，并且拥有 1 单位的时间禀赋可在劳动和闲暇之间分配。代表性消费者的效用函数为：

$$\begin{aligned} U_i &= \sum_{t=0}^{\infty} \rho_t u(E_{it}, 1 - n_{it}) \\ &= \sum_{t=0}^{\infty} \rho_t \frac{[E_{it}^{1-\theta} (1-n_{it})^{\theta}]^{1-\sigma} - 1}{1 - \sigma} \end{aligned} \tag{6.9}$$

其中，n_{it}代表单位时间 1 分配给劳动的比例，$\rho_t \in (0,1)$ 是主观贴现率，θ 是闲暇的消费份额，ι 是跨期替代弹性的倒数，E_{it} 为 3.1.2 节消费者用于购买 M 部门商品的支出约束 E_i 在 t 期的值。代表性生产者达到收支平衡的预算约束条件为：

$$(1-\tau_n)\omega_{it}n_{it} + [1+(1-\tau_k)r_t]k_{it} - \tau_t = (1+\tau_E)E_{it} + s_{i(t+1)} \quad (6.10)$$

家庭效用最大化问题的一阶条件为：

$$\frac{u_2(E_{it}, 1-n_{it})}{u_1(E_{it}, 1-n_{it})} = \frac{(1-\tau_n)\omega_{it}}{1+\tau_E} \quad (6.11)$$

$$\frac{u_1(E_{it}, 1-n_{it})}{u_1(E_{i(t+1)}, 1-n_{i(t+1)})} = \rho_t[1+(1-\tau_k)r_{t+1}] \quad (6.12)$$

横截性条件为：

$$\lim_{t \to \infty} H_t s_{it} = 0 \quad (6.13)$$

式 (6.9)~式 (6.13) 构成了该代表性消费者效用最大化问题的最优性条件。其中，H_t 是预算约束对应的 Hamilton 乘子，u_1 和 u_2 分别代表消费和闲暇的边际效用。

6.2.4 均衡条件

假设全国具有统一的资本市场，资本可自由流动，因此均衡状态下资本市场有 $\sum_{i=1}^{N} l_i s_{it} = \sum_{i=1}^{N} l_i k_{it}$。生产者的产出既能用于消费和储蓄，又能用于私人投资和政府公共支出，因此在垄断竞争均衡中存在以下市场出清条件：

$$\sum_{i=1}^{N} \pi_i [E_{it} + k_{i(t+1)} - (1-\delta)k_{it}] = (1-\eta-\varphi)\sum_{i=1}^{N}(\pi_i p_{it} m_{it}) \quad (6.14)$$

给定初始私人资本存量 k_0、初始基础设施存量 I_0，财政政策组合 $\{\varphi, \eta, \tau_E, \tau_w, \tau_k, \tau_t\}$ 下的垄断竞争均衡定义为要素价格 $\{\omega_{it}, r_{it}\}_{i=1}^{N}$ 和财富分配 $\{E_{it}, n_{it}, k_{it}\}_{i=1}^{N}$ 的时间路径，且满足生产者利润最大化条件式 (6.2)~条件式 (6.5)，政府预算平衡约束式 (6.6)~约束式 (6.8)，家庭效用最大化条件式 (6.9)~条件式 (6.13)，以及市场出清条件式 (6.14)。

第6章 生产性公共支出与区域收入空间依赖变化

6.2.5 求解过程

模型中的各地私人资本存量和基础设施存量分布是一个状态变量,因此其初始分布决定了均衡增长路径。由于无法从现有统计数据得到这种初始分布状态,本书用 Kehoe 等(1992)提出的包含税收扭曲的"伪社会计划者"问题来求解均衡。该问题为:

$$\max \sum_{i=1}^{N} \lambda_i \sum_{t=0}^{\infty} \rho_t u(E_{it}, 1 - n_{it}) - \sum_{i=1}^{N} l_i(z_{it}E_{it} + n_{it}s_{it} + e_{it}k_{it}) \quad (6.15)$$

$$\text{s.t.} \sum_{i=1}^{N} \pi_i [E_{it} + k_{i(t+1)} - (1-\delta)k_{it}] = (1 - \eta - \varphi) \sum_{i=1}^{N} (\pi_i p_{it} m_{it}) \quad (6.16)$$

其中,z_{it} 和 e_{it} 是反映 i 地区税收扭曲的变量;λ_i 是给 i 地区代表性消费者的福利权重,$\sum_{i=1}^{N} \lambda_i = 1$。设 κ_t 为"伪社会计划者"问题式(6.16)对应的 Lagrange 乘子,则该问题的一阶条件为:

$$\lambda_i u_1(E_{it}, 1 - n_{it}) = l_i(\kappa_t + z_{it}) \quad (6.17)$$

$$\lambda_i u_2(E_{it}, 1 - n_{it}) = l_i \left[\kappa_t (1-\alpha) \left(\frac{p_{it} m_{it}}{n_{it}} \right) - s_{it} \right] \quad (6.18)$$

$$\kappa_t = \rho_t \left\{ \kappa_{t+1} \left[1 + \alpha \left(\frac{p_{i(t+1)} m_{i(t+1)}}{k_{i(t+1)}} \right) - \delta \right] - e_{it} \right\} \quad (6.19)$$

为了描述经济的均衡增长路径,需在该问题一阶条件的基础上,加上政府预算平衡约束条件式(6.6)~条件式(6.8),以及以下附加条件:

$$z_{it} = \tau_c \kappa_t \quad (6.20)$$

$$s_{it} = \tau_y \kappa_t (1-\alpha) \left(\frac{p_{it} m_{it}}{n_{it}} \right) \quad (6.21)$$

$$e_{it} = \tau_k \kappa_{t+1} \left[1 + \alpha \left(\frac{p_{i(t+1)} m_{i(t+1)}}{k_{i(t+1)}} \right) - \delta \right] \quad (6.22)$$

根据以上一阶条件、附加条件和政府预算平衡约束条件式(6.6)~条件式(6.8),可求解 6.2.4 节定义的垄断竞争均衡。当经济收敛于均衡增长路径时,消费以固定速率增长,而私人投资、基础设施、劳动时间、私人资本产出比保持不变。为降低区域经济分析的维度,把经济体看作是由两个地区组成:分析的目标地区记为参照区 1;除了地区 1 以外的其他地区加总记为外部区 2。用这种方法把各地区依次设为参照区。参照区和外部区的划分对应了4.2.1小节内部市场潜力与外部市场潜力的划分。

6.3 模型校准

为了模拟向边缘地区倾斜的生产性公共支出政策对中国区域收入空间依赖产生的冲击,首先基于中国年度区域经济数据对模型进行校准。校准过程中所使用的数据来源为历年中国统计年鉴、中国财政年鉴及中国统计局网站,时间跨度为1996~2015年,地区范围为中国31个省级行政区(不包括香港、澳门和台湾)。

6.3.1 区域间同质性参数校准

表6.1汇总了各地区同质性参数的设定值。参考白重恩(2008)等对私人资本产出份额的计算方法,在考虑政府收入即间接税的条件下,用总利润与固定资产折旧之和占GDP的比重,计算出中国私人资本产出份额α为0.4093,处于陈晓玲和连玉君(2013)的分省区计算结果区间内和杨汝岱(2015)的分行业计算结果区间内;相应的劳动产出份额$(1-\alpha)$为0.5907,处于蒋为和黄玖立(2014)的分年度计算结果区间内。根据多数同类研究的估算,对私人资本折旧率δ和基础设施折旧率μ取值0.1000。基础设施的外部性参数ζ、拥挤成本ν不能从原始数据直接计算得出,可通过生产函数的估计得出。距离d_{ij}取两地省会或直辖市之间的欧式距离,把式(6.5)代入式(6.1),作对数处理,使用1996~2015年中国31个地区的数据进行GMM估计,可得到ζ和ν的估计值,估计结果接近现有同类文献的研究结果。

表6.1　　　　　　　　区域间同质性参数校准

参数	符号	基准值
家　　庭		
主观贴现率	ρ	0.9823
闲暇的消费份额	θ	0.5092
跨期替代弹性	$1/\iota$	0.3156

第6章 生产性公共支出与区域收入空间依赖变化

续表

参数	符号	基准值
生产者		
私人资本产出份额	α	0.4093
基础设施的溢出参数	ζ	0.0280
基础设施的拥挤成本	ν	0.0732
私人资本折旧率	δ	0.1000
基础设施折旧率	μ	0.1000
政　　府		
消费性公共支出占全国收入的比例	η	0.1473
生产性公共支出占全国收入的比例	φ	0.0359
消费税率	τ_E	0.1302
劳动收入税率	τ_y	0.0434
资本收入税率	τ_k	0.2366

根据顾六宝和肖红叶（2004）的测算结果，消费跨期替代弹性 ι 的倒数取值 3.1690。β 和 θ 的取值根据均衡增长路径下消费者问题的一阶条件式（6.11）和条件式（6.12）计算得到。用 Mendoza 等（1994）的平均税率法测算中国消费支出、劳动收入和资本收入的有效税率，结果分别为 0.1302、0.0434 和 0.2366，与现有同类文献的测算结果基本一致。

6.3.2　区域间异质性参数校准

根据6.2.5节的说明，依次把研究范围内的中国31个地区作为参照区来考虑。人口比例 l_i 用年末常住人口数据来计算。用试错法设定各地的福利权重 λ_i，使"伪社会计划者"问题的均衡解中各地人均消费等于现实数据。参数 φ_i 由政府对各地区生产性公共支出占全国收入现值的比例计算得出，反映了生产性公共支出的区域分布。表6.2汇总了各地区异质性参数的设定值。

表6.2　　　　　　　　　区域间异质性参数校准

地区	$y_1/(l_1 y)$	$E_1/(l_1 E)$	l_1	φ_1	λ_1
北京	2.5058	2.7008	0.0131	0.0014	0.0694
天津	2.1426	1.7607	0.0090	0.0008	0.0492
河北	0.8703	0.7407	0.0534	0.0012	0.0263
山西	0.7523	0.7108	0.0262	0.0008	0.0241
内蒙古	1.1598	1.0172	0.0186	0.0011	0.0358
辽宁	1.2491	1.1290	0.0328	0.0015	0.0357
吉林	0.9052	0.8956	0.0208	0.0007	0.0289
黑龙江	0.8660	0.8922	0.0292	0.0009	0.0286
上海	2.6906	2.6997	0.0156	0.0029	0.0730
江苏	1.5131	1.2947	0.0587	0.0023	0.0427
浙江	1.5815	1.5009	0.0392	0.0018	0.0497
安徽	0.5907	0.6470	0.0466	0.0012	0.0256
福建	1.2082	1.1335	0.0276	0.0009	0.0389
江西	0.6126	0.6235	0.0333	0.0007	0.0243
山东	1.1960	1.0070	0.0716	0.0018	0.0290
河南	0.6919	0.6726	0.0724	0.0017	0.0242
湖北	0.7889	0.8113	0.0437	0.0009	0.0284
湖南	0.6887	0.7578	0.0500	0.0010	0.0290
广东	1.4119	1.4153	0.0740	0.0032	0.0421
广西	0.5682	0.6523	0.0364	0.0010	0.0229
海南	0.7307	0.7371	0.0065	0.0002	0.0272
重庆	0.8113	0.8170	0.0219	0.0007	0.0304
四川	0.6092	0.6696	0.0622	0.0014	0.0269
贵州	0.3791	0.5334	0.0279	0.0007	0.0202
云南	0.5054	0.6480	0.0344	0.0011	0.0215
西藏	0.5483	0.7303	0.0022	0.0004	0.0157
陕西	0.7338	0.7435	0.0283	0.0010	0.0269

续表

地区	$y_1/(l_1 y)$	$E_1/(l_1 E)$	l_1	φ_1	λ_1
甘肃	0.4884	0.5883	0.0195	0.0007	0.0216
青海	0.6811	0.8043	0.0042	0.0003	0.0278
宁夏	0.7248	0.8293	0.0047	0.0003	0.0273
新疆	0.7945	0.8366	0.0159	0.0008	0.0268

注：外部区生产性公共支出占全国收入的比例的计算方法为 $\varphi_2 = \varphi - \varphi_1$。

表6.2第2列显示了参照区人均收入与全国人均收入平均值之比，可以观察到，上海、北京、天津、浙江、江苏、广东、辽宁、福建、山东和内蒙古的人均产出均高于各地人均产出平均值，这10个地区即5.4.1小节划分的较发达地区，而其他地区为较不发达地区。根据第5章到中心城市的距离标准划分的吉林、黑龙江、重庆、四川、贵州、云南、西藏、陕西、甘肃、青海、宁夏、新疆等边缘地区全部属于较不发达地区。由表6.2第5列可知，当前除四川、安徽、河南、河北外，区域生产性公共支出高于全国平均水平的地区皆为较发达地区。

6.4 数值模拟

为考察生产性公共支出的区域倾斜政策对区域收入空间依赖的影响，结合中国的现实经济背景，通过数值模拟分析新增生产性共支出向一个地区倾斜对该区域收入空间依赖的冲击。假设经济体初始状态为现实财政政策下的垄断竞争均衡，政府未事先宣布特定的区域发展政策。具体对以下三种政策情形进行模拟：（1）在预算平衡条件下，新增生产性公共支出以现有的比例分布在各地区；（2）在预算平衡条件下，新增生产性公共支出增长完全分布在参照区；（3）在生产性公共支出规模保持不变的情况下，政府对生产性公共支出的区域分布进行调整。如果参照区收入增长大于外部区收入增长，则参照区的外部市场潜力比重减小，本地市场规模扩大，区域收入空间依赖相应减弱。对情形（1）的模拟可获取现有分布形式下生产性公共支出的边际效应，对情形（2）的模拟可获取生产性公共支出的外部性；对情形（3）的模拟可进一步验证这种外部性的存在并验证其对区域收入空间依赖的影响。

6.4.1 生产性公共支出的边际效应

依次把各省、自治区或直辖市作为参照区进行考察,政府增加全国生产性公共支出的比例 φ,增长量占全国收入现值的 0.01%,且这种增长以现有的区域分布状态分布在参照区和外部区,计算各地区收入的变化,模拟结果如表 6.3 所示。由表 6.3 可知,参照区和外部区的收入都有一定程度的增长,而只有较发达地区收入的空间依赖减弱,而其他包含所有边缘地区的较不发达地区收入空间依赖增强。例如,全国生产性公共支出增长量占全国收入现值的 0.01% 且这种增长以现有的区域分布状态分布在各地区时,江苏省收入增长量占全国收入现值的 0.0436%,其他地区收入增长量占全国收入现值的 0.0384%,而江苏省的区域收入空间依赖减弱。

表 6.3　各地生产性公共支出同时增长对区域收入空间依赖的冲击

参照区	参照区收入变化（占全国收入现值的百分比,%）	外部区收入变化（占全国收入现值的百分比,%）	参照区收入空间依赖变化（"+"为增强,"-"为减弱）
北京	0.0616	0.0445	-
天津	0.0618	0.0451	-
河北	0.0277	0.0435	+
山西	0.0259	0.0469	+
内蒙古	0.0399	0.0396	-
辽宁	0.0454	0.0370	-
吉林	0.0282	0.0464	+
黑龙江	0.0265	0.0394	+
上海	0.0674	0.0326	-
江苏	0.0436	0.0384	-
浙江	0.0495	0.0374	-
安徽	0.0245	0.0387	+
福建	0.0456	0.0371	-

第6章 生产性公共支出与区域收入空间依赖变化

续表

参照区	参照区收入变化（占全国收入现值的百分比,%）	外部区收入变化（占全国收入现值的百分比,%）	参照区收入空间依赖变化（"+"为增强，"−"为减弱）
江西	0.0218	0.0465	+
山东	0.0416	0.0344	−
河南	0.0273	0.0419	+
湖北	0.0244	0.0382	+
湖南	0.0234	0.0454	+
广东	0.0445	0.0401	−
广西	0.0251	0.0383	+
海南	0.0230	0.0463	+
重庆	0.0265	0.0389	+
四川	0.0222	0.0485	+
贵州	0.0193	0.0443	+
云南	0.0218	0.0392	+
西藏	0.0277	0.0416	+
陕西	0.0278	0.0428	+
甘肃	0.0227	0.0457	+
青海	0.0256	0.0458	+
宁夏	0.0303	0.0400	+
新疆	0.0274	0.0391	+

对表6.3中参照区和外部区的收入变化作比较会发现：如果参照区是5.4.1节定义的较发达地区，则参照区的收入增长大于外部区的收入增长，因此，新增生产性公共支出如果按现有空间分布比例保持不变，就会增强较不发达地区收入的空间依赖，加深"距离的诅咒"对其收入的影响。对该结果的经济学解释并非在于各地区的发达程度，而是在于内部市场潜力与外部市场潜力各自占的比重，因为内部市场潜力与外部市场潜力两种因素共同决定了生产性公共支出对区域收入空间依赖的冲击。例如，河北省的生产性公共支出比例虽然较高，但是其

内部市场潜力的比重较小,后者成为生产性公共支出增长对河北省区域收入空间依赖增强的主要原因。而天津市较大的内部市场潜力比重解释了该地区为何在较低的生产性公共支出比例情况下区域收入空间依赖减弱。保持各地生产性公共支出现有比重不变的情形下,所有 21 个较不发达地区收入空间依赖增强的模拟结果,符合 5.6.2 小节区域经济战略实施之前及实施初期中国区域收入空间依赖的增强趋势。

6.4.2 生产性公共支出的空间外部性

根据 6.2.1 小节的设定,政策倾斜的作用机制有两种,分别为本地生产性公共支出的边际效应和其他地区生产性公共支出的外部性。接下来通过计算外部性来分解生产性公共支出的总效应,具体处理方法是保持外部区生产性公共支出不变,计算参照区生产性公共支出增长的外部性作用。设政府增加生产性公共支出的比例 φ,增长量占全国收入现值的 0.01%,且这种增长量以现有的空间比例只分布在参照区,外部区的生产性公共支出增长量为 0。新的均衡路径下区域收入和区域收入空间依赖变化模拟结果如表 6.4 所示。

表 6.4 参照区生产性公共支出增长对区域收入空间依赖的冲击

参照区	参照区收入变化 (占全国收入现值的 百分比,%)	外部区收入变化 (占全国收入现值 的百分比,%)	参照区收入 空间依赖变化("+"为 增强,"-"为减弱)
北京	0.0624	0.0359	-
天津	0.0633	0.0329	-
河北	0.0296	0.0322	+
山西	0.0264	0.0337	+
内蒙古	0.0410	0.0302	-
辽宁	0.0381	0.0323	-
吉林	0.0285	0.0313	+
黑龙江	0.0266	0.0294	+
上海	0.0975	0.0249	-
江苏	0.0439	0.0340	-

第6章 生产性公共支出与区域收入空间依赖变化

续表

参照区	参照区收入变化（占全国收入现值的百分比,%）	外部区收入变化（占全国收入现值的百分比,%）	参照区收入空间依赖变化（"+"为增强，"-"为减弱）
浙江	0.0498	0.0337	-
安徽	0.0253	0.0308	+
福建	0.0376	0.0324	-
江西	0.0222	0.0317	+
山东	0.0356	0.0374	+
河南	0.0287	0.0304	+
湖北	0.0255	0.0333	+
湖南	0.0248	0.0354	+
广东	0.0455	0.0298	-
广西	0.0252	0.0332	+
海南	0.0247	0.0322	+
重庆	0.0269	0.0294	+
四川	0.0225	0.0326	+
贵州	0.0203	0.0393	+
云南	0.0221	0.0394	+
西藏	0.0293	0.0380	+
陕西	0.0284	0.0319	+
甘肃	0.0234	0.0301	+
青海	0.0268	0.0333	+
宁夏	0.0321	0.0320	-
新疆	0.0287	0.0353	+

从表6.4第2列可以看出，参照区的收入会随着本地区生产性公共支出的增长而增长，这是生产性公共支出的边际效应。同时可以观察到，在初始较发达的地区，区域收入的增长幅度更大，且区域收入空间依赖减弱。该结果再次证明了6.4.1小节的结论，同样可用各地内部市场潜力和外部市场潜力的比重来解释。

而与表 6.3 模拟结果不同的是，宁夏等极少数较不发达地区出现本地收入增长大于外部区收入增长且区域收入空间依赖减弱的结果，这意味着生产性公共支出的相对倾斜减弱了部分边缘地区收入的空间依赖。

表 6.4 第 3 列显示了参照区生产性公共支出增长对外部区收入的影响，即区域生产性公共支出的空间外部性。由表 6.4 第 2 列的结果可知，增加每个地区的生产性公共支出，对相应的外部区收入均会造成正向的影响。这意味着政府增加任何地区的生产性支出，都会带动全国收入的增长。对该情形的模拟结果说明，参照区的生产性公共支出增加会带动其他地区技术水平的增长，从而对外部区收入形成正外部性。然而此结果只能说明，一个地区的生产性公共支出增加，对加总的外部区收入产生正外部性，不能排除其对外部区内个别地区的收入产生负外部性的可能。

为全面描述生产性公共支出的空间外部性，需要分析外部区生产性公共支出的增加对参照区收入的影响。通过比较表 6.3 第 2 列和表 6.4 第 2 列结果可知，表 6.4 第 2 列给出的生产性公共支出边际效应大于表 6.3 第 2 列给出的生产性公共支出总效应。这说明，当前财政政策下，各地收入受到外部区生产性公共支出的负外部性影响，该结论与韩仁月和常世旺（2010）、陈碧琼等（2013）、张方和陈凯（2016）、范欣等（2017）的实证研究结果一致，并不与前面所分析的参照区生产性公共支出对外部区形成正空间外部性的结论相矛盾，因为一个地区的收入受到加总外部区生产性公共支出的负外部性影响，不能排除其受到外部区内个别地区的生产性公共支出正外部性影响的可能。据此可知，当生产性公共支出向边缘地区倾斜时，除了对边缘地区收入产生边际效应外，还对核心地区的收入产生负外部性，从而加强了边缘地区对内部市场潜力的依赖，且降低了边缘地区对外部市场潜力的依赖。因此，在中国区域经济战略背景下，边缘地区收入的空间依赖由强转弱，进而所有地区收入的空间依赖也由强转弱。

6.4.3 调节生产性公共支出区域分布的影响

由 6.4.2 小节的分析结果可知，无论以区域差距最小化为准则，还是以全国收入最大化为准则，当前生产性公共支出的区域分布都不是最优的。为进一步验证 6.4.2 小节的定性分析结果，接下来考察增加参照区的生产性公共支出，并同时减少外部区的生产性公共支出的情况。设政府增加参照区的生产性公共支出的比例 φ_1，总增长量占全国收入现值的 0.01%，且这种增长量以现有的空间比例分布在参照区；同时减少外部区生产性公共支出的比例 φ_2，总减少量占全国收

第6章 生产性公共支出与区域收入空间依赖变化

入现值的 0.01%，且这种减少量以现有的空间比例分布在外部区。新的均衡增长路径下区域收入和区域收入空间依赖变化模拟结果如表 6.5 所示。

表 6.5　调整生产性公共支出的空间分布对区域收入空间依赖的冲击

参照区	参照区收入变化（占全国收入现值的百分比,%）	外部区收入变化（占全国收入现值的百分比,%）	参照区收入空间依赖变化（"+"为增强,"-"为减弱）
北京	0.0735	0.0321	-
天津	0.0694	0.0284	-
河北	0.0331	0.0252	-
山西	0.0329	0.0270	-
内蒙古	0.0493	0.0238	-
辽宁	0.0420	0.0261	-
吉林	0.0388	0.0243	-
黑龙江	0.0349	0.0216	-
上海	0.0877	0.0209	-
江苏	0.0493	0.0287	-
浙江	0.0588	0.0288	-
安徽	0.0362	0.0233	-
福建	0.0479	0.0263	-
江西	0.0255	0.0241	-
山东	0.0448	0.0321	-
河南	0.0369	0.0231	-
湖北	0.0348	0.0262	-
湖南	0.0347	0.0288	-
广东	0.0517	0.0240	-
广西	0.0266	0.0263	-

续表

参照区	参照区收入变化（占全国收入现值的百分比,%）	外部区收入变化（占全国收入现值的百分比,%）	参照区收入空间依赖变化（"+"为增强，"-"为减弱）
海南	0.0257	0.0251	-
重庆	0.0276	0.0218	-
四川	0.0238	0.0249	+
贵州	0.0221	0.0334	+
云南	0.0274	0.0337	+
西藏	0.0345	0.0323	-
陕西	0.0329	0.0249	-
甘肃	0.0269	0.0222	-
青海	0.0332	0.0265	-
宁夏	0.0383	0.0251	-
新疆	0.0342	0.0290	-

通过比较表6.5和表6.4，发现表6.4与表6.5中参照区的收入变化方向一致，而表6.5中参照区的收入增长幅度更大。由6.4.2小节的分析可知，导致这种差别的原因是外部区生产性公共支出减少对参照区收入产生的正向冲击。表6.5中外部区的收入亦有一定增长，因此，参照区新增生产性公共支出产生的空间外部性大于外部区生产性公共支出减少产生的边际效应。

相较表6.4而言，表6.5中外部区的收入变化增长幅度更小，因为外部区生产性公共支出减少产生的边际效应抵消了一部分增加的参照区生产性公共支出的外部性，这意味着6.4.3小节的政策调整导致更大幅度的区域收入空间依赖变化。因此，对于减弱区域收入空间依赖而言，以现有空间分布比例增加某地区生产性公共支出比调节生产性公共支出空间分布比例的作用更弱。尽管如此，以现有空间分布比例增加某地区生产性公共支出对区域收入空间依赖的负向冲击结果仍可证明：保持当前生产性公共支出的区域分布不变会继续加强中国区域收入空间依赖，向边缘地区更为倾斜的生产性公共支出区域分布可减弱中国区域收入空间依赖。

第6章 生产性公共支出与区域收入空间依赖变化

6.5 经验分析

6.5.1 实证模型设定与估计方法选择

根据6.4节的分析，向参照区倾斜的区域生产性公共支出通过对参照区收入的边际效应和对外部区收入的负外部性，对参照区收入的空间依赖形成负向冲击。为检验该结论，在实证模型式（5.2）的基础上，建立确定性变参数模型进行实证检验。

生产性公共支出对私人投资的作用尚无定论，在实证研究中可以用三种方法来解决。第一种解决方法是把私人投资纳入扰动项，只研究生产性公共支出的影响，这种方法进一步增加了模型的内生性，造成估计结果有偏，估计误差增大。第二种解决方法是考虑私人投资的影响，并引入私人投资和生产性公共支出的交互项，这种方法中两个变量的交互形式没有相应的理论基础来确定，且本书试验了常用的两变量相乘形式的交互项，得到的估计结果并不显著。第三种解决方法是考虑私人投资的影响，而把私人投资和生产性公共支出的交互作用对被解释变量的影响归入扰动项，这种方法在一定程度上降低了估计的精度，但是使模型形式得到简化，且使 G_{it} 和 K_{it} 等解释变量同第4章、第5章的模型使用的控制变量保持一致。通过比较，本书采用第三种方法来处理私人投资和生产性公共支出。假设式（5.2）中外部市场潜力的系数 β_1 由邻近地区生产性公共支出决定，可表示为：

$$\beta_1 = \beta_4 + \beta_5 WG_{it} \tag{6.22}$$

其中 WG_{it} 表示区域生产性公共支出的空间滞后，这里为保持和市场潜力的构造方法一致，用标准化包含到5个最近邻域的最短公路距离倒数空间权重矩阵。把式（6.22）带入式（5.2），可得到本章使用的实证模型：

$$y_{it} = \beta_0 + \beta_2 G_{it} + \beta_3 K_{it} + \beta_4 RMP_{it} + \beta_5 WG_{it} \cdot RMP_{it} + u_{it} \tag{6.23}$$

本节使用1996~2015年中国区域经济面板数据模型考察区域收入空间依赖的变化原因。面板数据模型最明显的优点在于它能通过固定时间效应和个体效应来控制不可观测的异质性。对所有变量作对数处理，Hausman检验结果拒绝了随机效应模型的假设,并且似然比检验结果拒绝了固定个体效应模型和个体时间双固定效应模型的假设,不拒绝固定时间效应模型的假设,因采用固定时间效应模型来估计。由于实际市场潜力 RMP_{it} 可能与误差项 u_{it} 相关而产生内生性,使用混合最小二乘估计的结果是有偏且非有效的。由于本节的模型估计是基于面板数据,若使用工具变量两阶段最小二乘估计法,难以找到具有相同面板数据结构的工具变量,因此采用一阶差分的广义矩估计方法,即使用 RMP_{it} 的 2 期及 2 期以上滞后作为工具变量,以解决实证模型的内生性问题。

6.5.2 计量结果与讨论

表 6.6 给出了模型式(6.23)及其衍生模型的估计结果。表 6.6 第(1)列采用混合最小二乘估计方法得出的结果,由于内生性是有偏且非有效的,但其估计结果与广义矩估计方法得出的结果相似,在一定程度上显示了该结果的稳健性。由于第(1)列和第(2)列中私人投资变量的系数估计结果不显著,在第(3)列和第(4)列的估计中除去该变量。第(4)列进一步假设 G 不存在外部性,即 $\beta_5 = 0$。第(4)列估计结果的符号与理论预期一致,但 Arellano-Bond 检验结果并不理想。只有第(3)列估计结果的符号均与理论预期一致,且 Sargan 检验结果显示模型过度约束是有效的,Arellano-Bond 检验结果显示残差不存在一阶自相关和二阶自相关,因此以第(3)列估计结果为基准进行分析与讨论。

表 6.6　　　　　实证模型式(6.23)的广义矩估计

	Pooled OLS (1)	GMM (2)	GMM (3)	GMM (4)
β_0	2.23*** (0.02)	4.02*** (0.00)	3.31*** (0.14)	1.36*** (0.07)
β_2	1.19*** (0.07)	0.24** (0.05)	0.16*** (0.05)	0.34*** (0.01)
β_3	0.15** (0.01)	0.09 (0.05)		
β_4	0.11*** (0.00)	0.26** (0.03)	0.32*** (0.00)	0.27** (0.02)

第6章 生产性公共支出与区域收入空间依赖变化

续表

	Pooled OLS (1)	GMM (2)	GMM (3)	GMM (4)
β_5	-0.13*** (0.00)	-0.07** (0.00)	-0.05* (0.00)	
固定时间效应	否	是	是	是
固定个体效应	否	否	否	否
样本数	620	558	558	558
R^2	0.93			
AR(1)		0.58	0.52	0.01
AR(2)		0.76	0.80	0.08
Sargan Test		0.87	0.98	0.55

注：***、**和*分别表示在1%、5%和10%水平上显著。

对表6.6第（3）列估计结果的估计结果进行分析，可以得到以下几点信息：

（1）生产性公共支出的参数 β_2 的估计结果为正且显著，说明生产性公共支出对本地区收入的促进作用大于其对私人投资挤出带来的负向作用，各地区的生产性公共支出对本地收入的边际效应总体是正向的。

（2）使用广义矩方法估计所有模型的结果中 β_4 均为正且显著，显示出市场潜力对区域收入有显著的正向影响，较高市场潜力对应着较高区域收入，再次验证了中国区域收入存在空间依赖的结论，说明一个区域的收入受其经济地理因素显著影响，同时为新经济地理学所强调的货币外部性提供了经验证据。

（3）公共投资的空间滞后与市场潜力的相互项系数 β_5 估计结果显著为负，验证了6.4.3小节外部区生产性公共支出负外部性的结论，显示其他地区生产性公共支出在和市场潜力交互作用下对本地区收入产生负向作用。该结论与以往文献认为生产性公共支出空间外部性为正，或者生产性公共支出总体空间外部性不显著的结论不同。因为其他地区生产性公共支出会建设较高水平基础设施和提供较高水平的公共服务，对本地的流动资本和人力资本等要素产生吸引力，从而对本地区收入形成负向的空间外部性。距离越短，要素的流动越容易发生，因此这种负外部性对空间上邻近的地区影响更大。但与本地生产性公共支出的系数估计值的绝对值相比可知，邻近地区生产性公共支出的负外部性远小于本地生产性公共支出对区域收入的正向作用。

（4）β_2、β_4和β_5的估计结果共同验证了 6.4 节关于生产性公共支出对区域收入空间依赖作用机制的结论。区域生产性公共支出具有正向的边际效应和负外部性，向参照区倾斜的生产性公共支出通过调节这两种作用的强度，来分别影响参照区收入对内部市场潜力和对外部市场潜力的依赖，进而影响参照区收入空间依赖。

以上经验分析验证了生产性公共支出对区域收入的正向边际效应和负外部性。结合中国经济战略中的政策背景可知，生产性公共支出向边缘地区的倾斜导致了 5.6 节所显示的中国区域收入空间依赖由强转弱的变化趋势，这种作用的具体机制总结如下：

（1）考虑以参照区为边缘地区的情况。在中国区域经济战略背景下，区域生产性公共支出向边缘地区倾斜，核心地区生产性公共支出对边缘地区收入的负外部性减弱，导致边缘地区收入对外部市场潜力依赖减弱；而边缘地区收入受本地生产性公共支出的正向边际效应加强，导致边缘地区收入对内部市场潜力依赖加强。因此，在边缘地区的外部市场潜力对区域收入长期占支配地位的前提下，两种作用的此消彼长导致市场潜力对边缘地区收入的影响加速减弱，即边缘地区收入的空间依赖在 2006 年之后加速减弱，边缘地区收入开始脱离"距离的诅咒"。

（2）考虑以参照区为核心地区的情况。在同样的区域生产性公共支出政策下，边缘地区生产性公共支出对核心地区收入的负外部性加强，导致核心地区收入对外部市场潜力的依赖加强；核心地区受到本地区生产性公共支出的正向边际效应减弱，导致核心地区收入对内部市场潜力的依赖减弱。根据表 5.1 的分析结果，在核心地区的内部市场潜力和外部市场潜力对区域收入长期支配作用相当的前提下，两种作用的此消彼长导致市场潜力对核心地区收入的影响出现震荡减弱，核心地区收入空间依赖的增强趋势在 2006 年之后逐渐消失且有较小幅度的震荡减弱。

（3）由于边缘地区和核心地区的收入空间依赖同时在 2006 年出现不同幅度的减弱，全国所有地区收入空间依赖亦在 2006 年由增强趋势转变为减弱趋势。

6.6 本章小结

在中国区域经济战略陆续实施的背景下，1996~2015 年，中国区域收入空

第6章 生产性公共支出与区域收入空间依赖变化

间依赖呈现由强转弱的变化趋势，而边缘地区的空间依赖收入减弱现象更为明显。与此对应的是，中国区域经济战略的主要政策内容是向边缘地区的生产性公共支出倾斜。现有研究多数在新古典或新增长框架下分析生产性公共支出对区域收入的影响，没有考虑生产性公共支出的区域分布，忽视了生产性公共支出的空间外部性。而以基础设施建设为主的区域调控政策实践中，生产性公共支出对非支出目标区域的经济增长亦产生影响，进而影响全国的总体经济增长及区域收入空间依赖。忽略区域调控政策中生产性公共支出的外部性，很可能错误地判断生产性公共支出对区域收入空间依赖产生的影响。基于此，本章从区域经济战略中对边缘地区倾斜的公共支出政策出发，在新经济地理学一般均衡框架的基础上，向生产函数引入包含空间外部性的基础设施，并加入对政府财政收支行为的考量，建立了一个改进的新经济地理学模型，来模拟生产性公共支出政策倾斜对区域收入的影响。

用中国经济数据校准改进的新经济地理学模型，分别对三种财政政策调整情形进行模拟：增加全国各地的生产性公共支出、集中增加某地的生产性公共支出，以及调节现有生产性公共支出的区域分布。对模拟结果进行分析可知，生产性公共支出从边际效应和空间外部性两方面影响区域收入，对支出目标区收入、支出目标区以外地区收入产生不同程度的冲击，进而在一定的内部市场潜力和外部市场潜力比例基础上改变区域收入空间依赖。新增生产性公共支出分散于各地区，会进一步加强全国区域收入空间依赖，并且继续扩大区域收入差距；新增生产性公共支出集中于边缘地区时，通过边际效应对边缘地区收入产生正向冲击，并且减弱核心地区负外部性的作用，进而减弱边缘地区收入的空间依赖，并且缩小区域收入差距。基于1996~2015年面板数据的经验分析验证了参照区生产性公共支出对本地收入产生的正向边际效应，以及外部区生产性公共支出对参照区收入产生的负外部性，从而支持了数值模拟分析中关于生产性公共支出对区收入空间依赖作用机制的结论。

第7章

结论与启示

在西部大开发、东北振兴、中部崛起和"一带一路"建设的区域经济战略背景下，中国的区域收入空间依赖发生着深刻变化。本书基于新经济地理学和空间计量经济学理论，对中国区域收入空间依赖进行了再检验，在验证中国区域空间依赖变化存在的基础上，分析了中国区域收入空间依赖的变化趋势，并进一步研究了生产性公共支出的区域倾斜对中国区域收入空间依赖的影响机制，得到了关于这三个问题的研究结论与启示。

7.1 结　论

在同时考虑区域收入及经济活动的其他各方面空间自相关时，以往研究得到的中国的区域收入存在空间依赖的结论仍具有稳健性。根据 Harris（1954）对市场潜力的定义，使用绝对距离倒数空间权重矩阵对中国所有地区收入的加权和来衡量市场潜力，结果显示，中国的区域市场潜力空间结构自东向西呈现出新经济地理意义上的"核心—边缘"模式。然而，基于 Harris 意义上的市场潜力来估计 Krugman（1993）的新经济地理学工资方程时，估计结果的残差呈现出空间自相关，而这种空间自相关在多数新经济地理学实证研究中被忽视。通过把新经济地理学工资方程和空间误差模型整合为空间联合模型，在同时考虑被解释变量和误差项空间自相关的情况下验证了中国区域收入空间依赖的存在。其中，在构建被解释变量时发现，空间权重矩阵邻域个数的选取、被解释变量对数处理与滞后处理的先后顺序、是否包含内部市场潜力等空间滞后变量的构建方法会对估计结果产生影响。稳健性检验表明，空间邻接矩阵或地理距离倒数矩阵的选择不会影

第7章 结论与启示

响该结论的稳健性。

中国的区域收入空间依赖在区域经济战略实施背景下由增强趋势转变为减弱趋势。通过估计1996~2015年中国区域收入对市场潜力历年的弹性，可得到经济地理边缘性对中国边缘地区收入的影响由强转弱，以及经济地理因素对中国所有地区收入的平均影响由强转弱的结论。对不同经济发展水平和不同经济地理位置的区域收入空间依赖变化分析表明，随着区域经济战略的实施，中国较发达地区收入空间依赖与较不发达地区收入空间依赖出现趋同，中西部边缘地区收入空间依赖随着区域经济战略的实施出现的减弱趋势更为明显。中国区域收入空间依赖的转折发生在2005~2006年，相较于西部大开发战略开始实施的时间点滞后了5~6年，接近中部崛起和东北振兴战略开始实施的时间点，因此，从长期来看，中国区域收入空间依赖的转折与区域经济战略的背景在时间上具有一致性。

生产性公共支出的区域倾斜通过边际效应和空间外部性两种作用分别影响支出目标区收入和支出目标区以外地区收入，进而影响区域收入空间依赖。从区域经济战略中对边缘地区倾斜的公共支出政策出发，向新经济地理学模型生产函数引入包含空间外部性的基础设施要素，并加入对政府财政收支行为的考量，建立了一个改进的新经济地理学模型。使用"伪社会计划者"问题求解模型并使用中国经济数据进行校准，分别对三种财政政策情形进行模拟：增加全国各地的生产性公共支出、集中增加某地的生产性公共支出，以及调节现有生产性公共支出的区域分布。对模拟结果进行分析可知，新增生产性公共支出按照当前的空间分布比例分散于各地区，会进一步加强全国区域收入空间依赖，并且继续扩大区域收入差距；新增生产性公共支出集中于边缘地区时，通过边际效应对边缘地区收入产生正向冲击，同时减弱核心地区生产性公共支出的外部性，进而减弱边缘地区收入的空间依赖，并且缩小区域收入差距。基于1996~2015年面板数据的经验分析验证了生产性公共支出对区域收入空间依赖的作用机制。

7.2 启 示

经济地理意义上的边缘性对中国中西部地区收入增长的制约仍是中国东部和中西部收入差距不断扩大的主要原因。样本期内，按照距三大中心城市距离标准划分的边缘地区中，各地区的人均收入水平皆低于全国人均收入水平。1996~2007年，边缘地区收入的空间依赖分别高于核心地区的收入空间依赖和全部地区的收入空间依赖,而 1996~2015 年,较不发达地区的收入空间依赖一直高于较发达地区的收入空间依赖和全部地区的收入空间依赖。边缘地区市场潜力均值低于核心地区市场潜力均值的 50%,且内部市场潜力比重低于 10%,对边缘地区收入增长形成了较大的束缚。

向边缘地区倾斜的生产性公共支出,可减弱区域收入的空间依赖,并缓和不断扩大的区域收入差距。中国的区域收入空间依赖在 2006 年之前的增强趋势表明中国的区域收入存在"距离的诅咒"效应,而在中国的区域收入空间依赖在 2006 年之后的减弱趋势表明中国的区域收入正在脱离"距离的诅咒"。这种转折与西部大开发、中部崛起和东北振兴等区域经济战略的背景在时间上具有一致性,表明西部大开发、中部崛起和东北振兴等区域经济战略在减弱经济地理边缘性对中国中西部地区收入的影响及减缓中国区域收入差距扩大方面具有显著效果。而目前实施中的"一带一路"经济战略若把新增生产性公共支出过度分散于中国东部和中西部地区,会对中国区域收入空间依赖产生正向冲击。

政府在决策时还要考虑到生产性公共支出对其他地区收入产生的外部性。由于各地区在流动性生产要素上的竞争性,生产性公共支出对目标地区以外的经济产生负向的空间外部性,向一个地区倾斜的生产性公共支出能加强该地区的竞争优势,并削弱其他地区的竞争优势。负向的空间外部性可以成为以往文献得出的全国层面生产性公共支出对总体经济增长负向作用或者不显著的正向作用的一种解释。因此,对于东部地区率先发展的战略,政府应有相应的配套措施以减轻其生产性公共支出对中西部地区收入产生的负外部性。

7.3
本研究的局限与后续研究展望

在由新经济地理学基准模型推导出的工资方程中,市场潜力的弹性反映了制造业工资对市场潜力的依赖。尽管目前的新经济地理学实证研究中工资方程已经被广泛地表达为区域经济对市场潜力的依赖,这种处理方法缺乏相应的规范。本书在理论模型中把区域收入的概念规范为省级层面包含三大产业增加值的区域人均产业增加值,这种规范以基于中国经济数据的样本变异性和数据可得性为标准,在理论研究上未形成对新经济地理学模型中的区域收入更为一般的规范,在实证研究上也未对研究尺度更细划分。后续的研究工作需要在理论上对新经济地理学模型中的区域收入进一步规范,使其适用于更为一般的经济状况分析;在实

第7章 结论与启示

证研究上分别从区域尺度和行业层面对区域收入的空间依赖研究进行细化。

空间权重矩阵的设定会对实证研究结果产生一定影响。本书只比较了3种使用地理距离设定的空间权重矩阵结合5种解释变量指标处理方法构造的解释变量空间滞后项,后续的研究可在地理距离的基础上结合通讯距离、经济结构相似度距离、制度距离和文化相似度距离构造空间权重矩阵,比较使用这类空间权重矩阵构造的空间滞后项对实证结果产生的影响,以进一步检验本书所得到的中国区域收入空间依赖的存在性及其变化趋势结论的稳健性。

理论上,随着基础设施建设的加强,经济活动的空间联系也会加强,但是各项基础设施覆盖的地理范围有限,因而受其正向影响的空间经济联系也有一定范围。本书假设区域技术水平受所有地区整体基础设施的影响,并使用和构造市场潜力时一致的空间权重矩阵,检验出区域生产性公共支出的正向边际效应和负向空间外部性,而未对基础设施的影响范围进行规范,也未按照影响范围划分基础设施的种类。后续研究需要对不同基础设施的影响范围和区域单元的划分尺度进一步规范,并在模型中区分用于改善区域间经济联系或者区域内经济联系的生产性公共支出,分别研究其对区域收入的冲击及对区域收入空间依赖的影响。

参 考 文 献

[1] Fujita M, Krugman P R, Venables J A. The spatial economy of cities, regions and international trade [M]. Cambridge, MA: MIT press, 1999: 35 – 87.

[2] Fujita M, Dapeng H. Regional disparity in China 1985—1994: The effects of globalization and economic liberalization [J]. The Annals of Regional Science, 2001, 35 (1): 3 – 37.

[3] Zhao C Ming L, Zheng X. Agglomeration shadow: A non-linear Core-Periphery model of urban growth in China (1990—2006) [R]. Honolulu, Hawaii: ADB Workshop on Green Urbanization in Asia, 2011.

[4] 范剑勇, 张雁. 经济地理与地区间工资差异 [J]. 经济研究, 2009, (8): 73 – 84.

[5] 许政, 陈钊, 陆铭. 中国城市体系的"中心—外围模式" [J]. 世界经济, 2010, (7): 144 – 160.

[6] 谢长青, 范剑勇. 市场潜能、外来人口对区域工资的影响实证分析——以东西部地区差距为视角 [J]. 上海财经大学学报, 2012, (3): 67 – 74.

[7] 刘修岩, 宋萍. 市场潜能与城市增长: 基于中国城市数据的实证研究 [J]. 东南大学学报 (哲学社会科学版), 2015, 17 (6): 74 – 83.

[8] 国务院. 中华人民共和国国民经济和社会发展第十三个五年规划纲要 [EB/OL]. (2016 – 03 – 17) [2016 – 11 – 12]. http://www.gov.cn/xinwen/2016 – 03/17/content_5054992.htm.

[9] Harris C D. The market as a factor in the localization of industry in the United States [J]. Annals of the Association of American Geographers, 1954, (64): 315 – 348.

[10] 吴玉鸣. 中国省域经济增长趋同的空间计量经济分析 [J]. 数量经济技术经济研究, 2006, 23 (12): 101 – 108.

[11] 张晓旭, 冯宗宪. 中国人均 GDP 的空间相关与地区收敛: 1978 – 2003 [J]. 经济学 (季刊), 2008, 7 (1): 399 – 414.

参考文献

［12］张伟丽，覃成林，李小建．中国地市经济增长空间俱乐部趋同研究——兼与省份数据的比较［J］．地理研究，2011，30（8）：1457 – 1470.

［13］潘文卿．中国的区域关联与经济增长的空间溢出效应［J］．经济研究，2012（1）：54 – 65.

［14］李敬，陈澍，万广华，付陈梅．中国区域经济增长的空间关联及其解释——基于网络分析方法［J］．经济研究，2014，(11)：4 – 16.

［15］陈创练，张帆，张年华．地理距离、技术进步与中国城市经济增长的空间溢出效应——基于拓展 Solow 模型第三方效应的实证检验［J］．南开经济研究，2017，(1)：23 – 43.

［16］Boulhol H, De Serres A. Have developed countries escaped the curse of distance? ［J］. Journal of Economic Geography, 2010, 10 (1)：113 – 139.

［17］韩仁月，常世旺．中国省级公共投资的区域效应：互利共赢还是以邻为壑［J］．财经研究，2010，36（4）：37 – 46.

［18］陈碧琼，张梁梁，曹跃群．省际公共资本存量估算与区域配置［J］．经济科学，2013，(4)：26 – 40.

［19］张方，陈凯．公共投资、空间溢出效应与区域经济增长——基于 2003～2013 年省级面板数据［J］．软科学，2016，30（1）：1 – 4.

［20］范欣，宋冬林，赵新宇．基础设施建设打破了国内市场分割吗？［J］．经济研究，2017，(2)：20 – 33.

［21］佚名．管子（房玄龄注）［M］．上海：上海古籍出版社，2015：2，409 – 463.

［22］陈凯．道统经济学［M］．北京：经济科学出版社，2015：26 – 29.

［23］von Thünen J H. Isolated state：An English edition of DerIsolierte Staat (1826) ［M］. Oxford：Pergamon Press, 1966：11 – 69.

［24］Alonso W. Location and land use. Toward a general theory of land rent. ［J］. Economic Geography, 1964, 42 (3)：11 – 26.

［25］Weber A. English translation：the theory of the location of industries (1909) ［M］. Chicago：Chicago University Press, 1929：34 – 76.

［26］Hoover E M. Location theory and the shoe and leather industries ［M］. Cambridge, MA：Harvard University Press, 1937：43 – 100.

［27］Hoover E M. The location of economic activity ［M］. New York：McGraw-Hill Book Company, 1948：10 – 23.

［28］Hotelling H. Stability in competition ［J］. Economic Journal, 1929, (30)：

41 -57.

[29] Lösch A. English translation: The economics of location (1940) [M]. New Haven: Yale University Press, 1954: 34 -66.

[30] Isard W. Location and space-economy: A general theory relating to industrial location, market areas, land use, trade, and urban structure [M]. Cambridge, MA: M. I. T. Press, 1956: 230 -334.

[31] Krugman P R. Development, geography, and economic theory [M]. Cambridge, MA: M. I. T. Press, 1997: 31 -66.

[32] Chamberlin E H. The theory of monopolistic competition [M]. Cambridge, MA: Harvard University Press, 1933: 102 -193.

[33] Dixit A K and Stiglitz J E. Monopolistic competition and optimum product diversity [J]. American Economic Review, 1977, 67 (3): 297 -308.

[34] Krugman P R. First nature, second nature, and metropolitan location [J]. Journal of Regional Science, 1993, 33 (2): 129 -144.

[35] Marshall A. Principles of economics: An introductory volume [M]. London: Macmillan, 1890: 26 -81.

[36] Redding S J. Economic geography: A review of the theoretical and empirical literature [M]//Bernhofen D, Falvey R, Greenaway D, Kreickemeier U. Palgrave Handbook of International Trade. 1st ed. Basingstoke: Palgrave Macmillan, 2013: 497 -531.

[37] Redding S J, Schott P K. Distance, skill deepening and development: Will peripheral countries ever get rich? [J]. Journal of Development Economics, 2003, 72 (2): 515 -541.

[38] Redding S J, Venables J A. Economic geography and international inequality [J]. Journal of International Economics, 2004, 62 (1): 53 -82.

[39] López-Rodríguez J, Faíña J A, López-Rodríguez J. Human capital accumulation and geography: Empirical evidence from the European Union [J]. Regional Studies, 2007, 41 (2): 217 -234.

[40] Boulhol H, De Serres A, Molnar M. The contribution of economic geography to GDP per capita [J]. OECD Journal: Economic Studies 2008 (1): 1 -37.

[41] López-Rodríguez J, Acevedo V. Market access and income inequality in Colombian departments [J]. The Economic Quarter, 2013, 320 (4): 869 -901.

[42] Bruna F. Why do empirical tests tend to accept the NEG? An alternative ap-

参考文献

proach to the "wage equation" in European regions [C] //European Regional Science Association. ERSA conference papers 2015. Las Vegas: CSREA Press, 2015: 1234 – 1260.

[43] López-Rodríguez J, Faíña J A. Does distance matter for determining regional income in the European Union? An approach through the market potential concept [J]. Applied Economics Letters, 2006, 13 (6): 385 – 390.

[44] Faíña J A and López-Rodríguez J. European Union enlargement, European spatial development perspective and regional policy: Lessons from population potentials [J]. Investigaciones Regionales, 2006, 9 (3): 3 – 21.

[45] Bivand R, Brunstad R. Regional growth in western Europe: Detecting spatial misspecification using the renvironment [J]. Papers in Regional Science, 2006, 85, (2): 277 – 297.

[46] Fingleton B. The New Economic Geography versus Urban Economics: An evaluation using local wage rates in Great Britain [J]. Oxford Economic Papers, 2006, 58, (3): 501 – 530.

[47] Le Gallo J, Dall' Erba S. Evaluating the Temporal and Spatial Heterogeneity of the European Convergence Process, 1980 – 1999 [J]. Journal of Regional Science, 2006, 46 (2): 269 – 288.

[48] Fingleton B. Testing the "New Economic Geography": A comparative analysis based on EU regional data [M]//Fingleton B. New directions in economic geography. Cheltenham, Northampton, UK: Edward Elgar Pulishing, 2007: 70 – 97.

[49] Monfort P. Convergence of EU regions: Measures and evolution [EB/OL]. (2008 – 01 – 24) [2016 – 11 – 27]. http://ec.europa.eu/regional_policy/information/focus/index_en.cfm.

[50] Lopez-Rodriguez J, Runiewicz-Wardyn M. Changing market potentials, regional growth and income disparities in Poland [J]. Prague Economic Papers, 2014, 23 (1): 63 – 83.

[51] Martin R. Critical survey. The new "geographical turn" in economics: Some critical reflections [J]. Cambridge journal of Economics, 1999, 23 (1): 65 – 91.

[52] Garretsen H, Martin R. Rethinking (new) economic geography models: Taking geography and history more seriously [J]. Spatial Economic Analysis, 2010, 5 (2): 127 – 160.

[53] Duranton G, Storper M. Agglomeration and growth: A dialogue between

economists and geographers [J]. Journal of Economic Geography, 2006, 6 (1): 1-7.

[54] Storper M, Keys to the city: How economics, institutions, interactions, and politics shape development [M]. Princeton, NJ: Princeton University Press, 2013: 23-55.

[55] Felipe J, McCombie J. Problems with regional production functions and estimates of agglomeration economies: A caveat emptor for regional scientists [EB/OL]. (2012-05-17) [2016-11-12]. www.levyinstitute.org/pubs/wp_725.pdf.

[56] Delgado M, Porter M E, Stern S. Clusters and entrepreneurship [J]. Journal of economic geography, 2010, 10 (4): 495-518.

[57] Delgado M, Porter M E, Stern S. Clusters, convergence, and economic performance [J]. Research Policy, 2014, 43 (10): 1785-1799.

[58] Fingleton B, Fischer M M. Neoclassical theory versus new economic geography: Competing explanations of cross-regional variation in economic development [J]. The Annals of Regional Science, 2010, 44 (3): 467-491.

[59] Fisher W D. Econometric estimation with spatial dependence [J]. Regional and Urban Economics, 1971, 1 (1): 19-40.

[60] Paelinck J H P, Nijkamp P. Operational theory and method in regional economics [M]. Farnborough: Saxon House, 1975: 28-160.

[61] Paelinck J H P, Klaassen L L H. Spatial econometrics [M]. Farnborough: Saxon House, 1979: 13-19.

[62] Anselin L. Spatial econometrics: Methods and models [M]. Dorddrecht: Kluwer Academic Publishers, 1988a: 9-12.

[63] Moran P. Notes on ContinuousStochastic Phenomena [J]. Biometrika, 1950, 37 (1): 17-23.

[64] Geary R C. The contiguity ratio and statistical mapping [J]. The Incorporated Statistician, 1954, 5 (3): 115-146.

[65] Cliff A D, Ord J K. Spatial autocorrelation [M]. London: Pion, 1973: 33-61.

[66] Cliff A D, Ord J K. Spatial processes: Models & applications [M]. London: Pion, 1981: 25-47.

[67] Burridge P. On the Cliff-Ord Test for Spatial Correlation [J]. Journal of the Royal Statistical Society, 1980, 42 (1): 107-108.

[68] Anselin, L Lagrange multiplier test diagnostics for spatial dependence and

参考文献

spatial heterogeneity [J]. Geographical analysis, 1988b, 20 (1): 1-17.

[69] Bera A K, Yoon M J. Simple diagnostic tests for spatial dependence [EB/OL]. (1992-12-01) [2016-11-12]. https://www.ideals.illinois.edu/bitstream/handle/2142/32838/simplediagnostic93103bera.pdf.

[70] Florax R J, Folmer H, Rey S J. Specification searches in spatial econometrics: The relevance of Hendry's methodology [J]. Regional Science and Urban Economics, 2003, 33 (5): 557-579.

[71] 龙志和, 欧变玲, 林光平. 空间经济计量模型 Bootstrap 检验的水平扭曲 [J]. 数量经济技术经济研究, 2009, (1): 151-160.

[72] 龙志和, 李文丽, 陈青青. 固定效应模型空间相关性的 Bootstrap LM-error 检验 [J]. 数量经济技术经济研究, 2015 (8): 149-160.

[73] Lesage J P, Pace R K. Spatial econometric modeling of origin-destination flows [J]. Journal of Regional Science, 2008, 48 (5): 941-967.

[74] Sousa J D, Mayer T, Zignago S. Market access in global and regional trade [J]. Regional Scienc and Urban Economics, 2012, 42 (6): 1037-1052.

[75] Kelejian H H, Tavlas G S, Petroulas P. In the neighborhood: The trade effects of the Euro in a spatial framework [J]. Regional Science and Urban Economics, 2012, 42 (1): 314-322.

[76] Bertoli S, Moraga J F. The size of the cliff at the border [J]. Regional Science and Urban Economics, 2015, 51: 1-6.

[77] 才国伟, 钱金保. 解析空间相关的来源: 理论模型与经验证据 [J]. 经济学 (季刊), 2013, 12 (3): 869-894.

[78] Ekelund Jr R B, Hébert R F. A history of economic theory and method [M]. Long Grove, Illinois: Waveland Press, 2013: 193-251.

[79] Ricardo D. On the principles of political economy, and taxation [M]. London: John Murray, 1821: 32-183.

[80] Ohlin B G. Interregional and international trade [M]. Cambridge, MA: Harvard University Press, 1967: 301-324.

[81] Tinbergen J. Shaping the World Economy [M]. New York: The Twentieth Century Fund, 1962: 1-117.

[82] Anderson J E, Van Wincoop E. Gravity with gravitas: A solution to the border puzzle [J]. American Economic Review, 2003, 93 (1): 170-192.

[83] Anderson J E, Van Wincoop E. Trade costs [J]. Journal of Economic liter-

ature, 2004, 42 (3): 691 - 751.

[84] Salvatici L. The gravity model in international trade [EB/OL]. (2013 - 11 -20) [2016 -11 -12]. http://www.nber.org/papers/w19285.pdf.

[85] Cairncross F. The death of distance: The trendspotter's guide to new communications [M]. Boston: Harvard Business School Press, 1997: 5 -20.

[86] Buch C M, Kleinert J, Toubal F. The distance puzzle: On the interpretation of the distance coefficient in gravity equations [J]. Economics Letters, 2004, 83 (3): 293 -298.

[87] Lin F, Sim N C S. Death of distance and the Distance Puzzle [J]. Economics Letters, 2012, 116 (2): 225 -228.

[88] Larch M, Norbäck P J, Sirries S, Urban D M. Heterogeneous Firms, Globalisation and the Distance Puzzle [J]. The World Economy, 2015, (5): 1307 -1338.

[89] Bosquet C, Boulhol H. What is really puzzling about the "Distance Puzzle" [J]. Review of World Economics, 2015, 151 (1): 1 -21.

[90] Buehler D, White R. A simple solution to the Distance Puzzle: Balanced data and Poisson estimation [J]. Applied Economics Letters, 2015, 22 (7): 587 -592.

[91] Yotov Y V. A simple solution to the Distance Puzzle in international trade [J]. Economics Letters, 2012, 117 (3): 794 -798.

[92] Carrère C, De Melo J, Wilson J. The distance puzzle and low-income countries: An update [J]. Journal of Economic Surveys, 2013, 27 (4): 717 -742.

[93] Breinlich H. The spatial income structure in the European Union-what role for Economic Geography? [J]. Journal of Economic Geography, 2006, 6 (5): 593 -617.

[94] Head K, Mayer T. Regional wage and employment responses to market potential in the EU [J]. Regional Science and Urban Economics, 2006, 36 (5): 573 -594.

[95] Head K, Mayer T. Gravity, market potential and economic development [J]. Journal of Economic Geography, 2011, 11 (2): 281 -294.

[96] Bruna F, Faíña A, Lopez-Rodriguez J. Market Potential and the curse of distance in European regions [EB/OL]. (2014 -11 -20) [2016 -11 -12] https://www.wto.org/english/thewto_e/minist_e/min01_e/mindecl_e.htm.

[97] Fingleton B, Mccann P. Sinking the iceberg? on the treatment of transport

参 考 文 献

costs in New Economic Geography [M]//Fingleton B. New directions in economic geography. Cheltenham, Northampton, UK: Edward Elgar Publishing, 2007: 168-203.

[98] Linders J, Burger M, Oort V. A rather empty world: The many faces of distance and the persistent resistance to international trade [J]. Cambridge Journal of Regions, Economy and Society, 2008, 1 (3): 439-458.

[99] Disdier A, Head K. The puzzling persistence of the distance effect on bilateral trade [J]. The Review of Economics and Statistics, 2008, 90 (1): 37-48.

[100] Kaname A. A historical pattern of economic growth in developing countries [M]. Nagoya: [s. n.], 1932: 23-54.

[101] Vernon R. International investment and international trade in the product cycle [J]. The Quarterly Journal of Economics, 1966, (2): 190-207.

[102] Dunning H. The paradigm of international production [J]. Journal of International Business studie, 1990, (1): 1-31.

[103] Lewis A. The evolution of the international economic order [M]. Princeton, NJ: Princeton University Press, 1978: 445-449.

[104] Kojima K. Direct foreign investment: A Japanese model of multination business operations [M]. London: Groon Helm, 1978: 84-121.

[105] 王业强, 魏后凯. 产业特征、空间竞争与制造业地理集中——来自中国的经验证据 [J]. 管理世界, 2007, (4): 68-79.

[106] Hering L, Poncet S. Income per capita inequality in China: The role of economic geography and spatial interactions [J]. The World Economy, 2010, 33 (5): 655-679.

[107] 张文武, 梁琦. 劳动地理集中、产业空间与地区收入差距 [J]. 经济学 (季刊), 2011, 10 (2): 691-708.

[108] 赵作权. 中国经济核心-边缘格局与空间优化发展 [J]. 管理世界, 2012, (10): 46-54.

[109] 梁琦, 陈强远, 王如玉. 户籍改革, 劳动力流动与城市层级体系优化 [J]. 中国社会科学, 2013, 12: 36-59.

[110] Baldwin B, Rikard F, Philippe M. Economic geography and public policy [M]. Princeton, NJ: Princeton University Press, 2003: 185-194.

[111] Li Y. Capital Mobility, Diminishing returns and wage inequality [J]. Journal of International Trade and Economic Development, 2012, 21 (3): 321-345.

[112] Hajime T, Daozhi Z. Industrial configuration in an economy with low trans-

portation costs [J]. The Annals of Regional Science, 2013, 51 (2): 593 - 620.

[113] Borsi T, Metiu N. The evolution of economic convergence in European Union [EB/OL] (2013 - 02 - 08) [2016 - 11 - 27]. http://ideas.repec.org/p/zbw/bubdps/282013.html.

[114] 武廷方, 夏刚. 城镇化驱动下的区域经济发展——中国城镇化与区域经济发展国际研讨会综述 [J]. 经济研究, 2014, (3): 185 - 189.

[115] 韦倩, 王安, 王杰. 中国沿海地区的崛起: 市场的力量 [J]. 经济研究. 2014 (8): 170 - 183.

[116] 洪俊杰, 刘志强, 黄薇. 区域振兴战略与中国工业空间结构变动——对中国工业企业调查数据的实证分析 [J]. 经济研究. 2014, (8): 28 - 40.

[117] 徐维祥, 汪彩君; 唐根年. 中国制造业资本积累动态效率变迁及其与空间集聚关系研究 [J]. 中国工业经济, 2013, (3): 78 - 87.

[118] 马拴友, 于红霞. 地方税与区域经济增长的实证分析——论西部大开发的税收政策取向 [J]. 管理世界, 2003, (5): 36 - 43.

[119] 颜学根. 转移支付、产业跨区转移与区域协调发展 [J]. 财经研究, 2014, 40, (9): 50 - 61.

[120] Daozhi Z. Capital mobility and spatial inequalities in income and industrial location [J]. The Journal of Economic Inequality, 2016, 14 (1): 109 - 128.

[121] Fingleton B. Competing models of global dynamics: Evidence from panel models with spatially correlated error components [J]. Economic Modelling, 2008, 25 (3): 542 - 558.

[122] 范剑勇. 产业集聚与地区间劳动生产率差异 [J]. 经济研究, 2006, (11): 72 - 81.

[123] 刘修岩, 贺小海, 殷醒民. 市场潜能与地区工资差距: 基于中国地级面板数据的实证研究 [J]. 管理世界, 2007, (9): 48 - 55.

[124] Desmet K, Rossi-Hansberg E. Spatial development [J]. American Economic Review, 2014, 104 (4): 1211 - 1243.

[125] Ottaviano G, Thisse J. Agglomeration and economic geography [M]// Henderson J V, Thisse J (eds.). Handbook of regional and urban economics Vol. 4: cities and geography. Amsterdam: Elsevier, 2004: 2563 - 2608.

[126] Krugman P. A dynamic spatial model [R]. Cambridge, MA: National Bureau of Economic Research, 1992.

[127] Brakman S, Garretsen H, Marrewijk C V. Economic geography within and

参 考 文 献

between European nations: The role of Market Potential and density across space and time [J]. Journal of Regional Science, 2009a, 49 (4), 777-800.

[128] Head K, Mayer T. Market Potential and the location of Japanese investment in the European Union [J]. Review of Economics and Statistics, 2004a, 86 (4): 959-972.

[129] Samuelson P A. The transfer problem and transport costs: the terms of trade when impediments are absent [J]. The Economic Journal, 1952, 62 (246): 278-304.

[130] ANDERSON J E. The incidence of gravity [M]//van Bergeijk P A G, Brakman S. The Gravity Model in International Trade: Advances and Applications. Cambridge, UK: Cambridge University Press, 2010: 71-87.

[131] Martin J. Markups, quality, and transport costs [J]. European Economic Review, 2012, 56 (4): 777-791.

[132] World Trade Organization. Doha Ministerial Declaration [EB/OL]. (2001-11-20) [2016-11-12] https://www.wto.org/english/thewto_e/minist_e/min01_e/mindecl_e.htm.

[133] Ascani A, Riccardo C, Simona I. New economic geography and economic integration: A review [EB/OL]. (2012-01-05) [2016-03-17] http://www.ub.edu/searchproject/wp-content/uploads/2012/02/WP-1.2.pdf.

[134] Krugman P. Scale economies, product differentiation, and the pattern of trade [J]. American Economic Review, 1980, 70 (5): 950-959.

[135] Head K, Mayer T. The empirics of agglomeration and trade [M]// Henderson, J V, Thisse J F. Handbook of regional and urban economics 4. North Holland: 2004b: 2609-2669.

[136] Combes P P, Mayer T, Thisse J F. Economic geography: The integration of regions and nations [M]. Princeton, NJ: Princeton University Press, 2008: 324-376.

[137] Hanson G H. Market potential, increasing returns and geographic concentration [J]. Journal of International Economics, 2005, 67 (1): 1-24.

[138] Smith A, Venables A J. Completing the internal market in the European Community: Some industry simulations [J]. European Economic Review, 1988, 32 (7): 1501-1525.

[139] Faíña J A, López-Rodríguez J. European regional policy and backward re-

gions: implications towards EU enlargement [J]. European Journal of Law and Economics, 2004, 18 (1): 5 – 32.

[140] Bruna F. Economic geography and development in the European space [D]. A Coruña Universidade da Coruña, 2014.

[141] Anselin L. S Spatial externalities, spatial multipliers, and spatial econometrics [J]. International Regional Science Review, 2003, 26 (2): 147 – 152.

[142] 张学良. 中国交通基础设施促进了区域经济增长吗——兼论交通基础设施的空间溢出效应 [J]. 中国社会科学, 2012 (3): 60 – 77.

[143] 黄新飞, 舒元, 徐裕敏. 制度距离与跨国收入差距 [J]. 经济研究, 2013 (9): 4 – 16.

[144] 刘毓芸, 徐现祥, 肖泽凯. 劳动力跨方言流动的倒 U 型模式 [J]. 经济研究, 2015 (10): 134 – 146.

[145] Tobler W R. A computer movie simulating urban growth in the Detroit region [J]. Economic geography, 1970, 46 (1): 234 – 240.

[146] Cliff A D, Ord J K. The problem of Spatial autocorrelation [M]// Scott A J. London Papers in Regional Science 1, Studies in Regional Science, London: Pion, 1969: 25 – 55.

[147] Anselin L. Local indicators of spatial association—LISA [J]. Geographical analysis, 1995, 27 (2): 93 – 115.

[148] Robert Haining. Spatial Data Analysis: Theory and Practice [M]. Cambridge, MA: Cambridge University Press, 2003: 325 – 378.

[149] 李子奈, 叶阿忠. 高级应用计量经济学 [M]. 北京: 清华大学出版社, 2012: 247 – 250.

[150] Kusnic M W, DaVanzo J. Income inequality and the definition of income: The case of Malaysia [M]. Santa Monica: Rand, 1980: 34 – 53.

[151] Feldstein M. Did wages reflect growth in productivity? [J]. Journal of Policy Modeling, 2008, 30 (4): 591 – 594.

[152] Krugman P. Increasing Returns and Economic Geography [J]. The Journal of Political Economy, 1991, 99 (3): 483 – 499.

[153] López-Rodríguez J, Márquez M A, Faíña A. Economic Geography and Spatial Wage Structure in Spain [R]. Rome: The 67th International Atlantic Economic Conference, 2009.

[154] López-Rodríguez J, Faina A. New economic geography: Testing for a spa-

参 考 文 献

tial wage structure in Europe [R]. Istanbul: Ecomod, 2005.

[155] 陈长石, 刘和骏, 刘晨晖. 中国省际发展不平衡动因及变化解析 [J]. 数量经济技术经济研究, 2015 (11): 58 - 73.

[156] Hanna F A. Introduction to "Regional Income" [M]// Hanna F A. Regional Income (Studies in income and wealth; vol. 21). Cambridge, MA: The National Bureau of Economic Research, 1957: 3 - 8.

[157] 范剑勇, 李方文. 中国制造业空间集聚的影响: 一个综述 [J]. 南方经济, 2011, 29 (6): 53 - 66.

[158] Redding S J, Rossi-Hansberg E. Quantitative Spatial Economics [EB/OL]. (2016 - 09 - 10) [2016 - 11 - 12]. http://www.nber.org/papers/w22655.pdf.

[159] Mion G. Spatial externalities and empirical analysis: The case of Italy. Journal of Urban Economics [J]. 2004, 56 (1): 97 - 118.

[160] Niebuhr A. Market access and regional disparities [J]. The Annals of Regional Science, 2006, 40 (2): 313 - 334.

[161] Blonigen A B, Ronald B D, Glen R W, Helen T N. FDI in space: Spatial autoregressive relationships in foreign direct investment [J]. European Economic Review, 2007, 51 (5): 1303 - 1325.

[162] Blanco L R. The spatial interdependence of FDI in Latin America [J]. World Development, 2012, 40 (7): 1337 - 1351.

[163] Brakman S, Garretsen H, Marrewijk V. The new introduction to geographical economics [M]. London: Cambridge University Press, 2009b: 23 - 37.

[164] Head K, Mayer T. Gravity Equations: Workhorse, toolkit, and cookbook [M]// Gopinath G, Helpman E, Rogoff K. Handbook of International Economics Vol. 4. Amsterdam: Elsevier, 2014: 131 - 195.

[165] LeSage J P, Pace R K. Introduction to Spatial Econometrics [M]. Boca Raton: CRC Press: 2009: 31 - 59.

[166] Griffith D A. Some guidelines for specifying the geographic weights matrix contained in spatial statistical models [M]// Arlinghaus S L, Griffith D A, Practical handbook of spatial statistics. Boca Raton: CRC Press, 1996: 21 - 43.

[167] LeSage J P, Pace R K. The biggest myth in spatial econometrics [EB/OL]. (2012 - 01 - 10) [2016 - 04 - 15] http://www.wu.ac.at/wgi/en/file_inventory/lesage20120110.

[168] Keeble D, Owens P L, Thompson C. Regional accessibility and economic

poten-tial in the European Community [J]. Regional Studies, 1982, 16 (6): 419-432.

[169] Cambridge Econometrics. The European economic model. Model overview [EB/OL]. (2014-06-10) [2016-11-27] https://www.camecon.com/wp-content/uploads/2016/09/ESME_Manual.pdf.

[170] Chongen B, Hong M, Wenqing P. Spatial spillover and regional economic growth in China [J]. China Economic Review, 2012, 23 (4): 982-990.

[171] 韩峰, 柯善咨. 追踪我国制造业集聚的空间来源: 基于马歇尔外部性与新经济地理的综合视角 [J]. 管理世界, 2012, (10): 55-70.

[172] 严成樑, 龚六堂. 财政支出、税收与长期经济增长 [J]. 经济研究, 2009 (6): 4-15.

[173] Zhao C, Ming L, Zheng Xu. Core-Periphery Model in Urban Economic Growth: An Analysis Based on. Chinese City-Level Panel Data (1990-2006) [EB/OL]. (2009-12-19) [2016-04-15]. https://www.bofit.fi/globalassets/bofit/tutkimus/konferenssit-ja-tyopajat/2004-2009/russiachina2009/xu.pdf.

[174] Clark C, Wilson F, Bradley J. Industrial location and economic potential in Western Europe [J]. Regional Studies, 1969, 3 (2): 197-212.

[175] 张秀生, 陈慧女. 论中国区域经济发展差距的现状、成因、影响与对策 [J]. 经济评论, 2008, (2): 53-57.

[176] 王培暄. 我国地区间收入差距问题研究 [J]. 经济问题, 2012, (8): 55-58.

[177] 林毅夫, 刘明兴. 中国的经济增长收敛与收入分配 [J]. 世界经济, 2003, (8): 3-15.

[178] 彭国华. 中国地区收入差距、全要素生产率及其收敛分析 [J]. 经济研究, 2005, (9): 19-29.

[179] 邹薇, 周浩. 经济趋同的计量分析与收入分布动态学研究 [J]. 世界经济, 2007, 30 (6): 81-96.

[180] 覃成林, 张伟丽. 中国区域经济增长俱乐部趋同检验及因素分析——基于CART的区域分组和待检影响因素信息 [J]. 管理世界, 2009, (3): 21-35.

[181] 史修松, 赵曙东. 中国经济增长的地区差异及其收敛机制 (1978—2009年) [J]. 数量经济技术经济研究, 2011, (1): 51-62.

[182] 何雄浪, 郑长德, 杨霞. 空间相关性与我国区域经济增长动态收敛的

参考文献

理论与实证分析——基于 1953—2010 年面板数据的经验证据 [J]. 财经研究, 2013, 39 (7): 82-95.

[183] 朱国忠, 乔坤元, 虞吉海. 中国各省经济增长是否收敛? [J]. 经济学 (季刊), 2014, 13 (3): 1171-1195.

[184] 杨朝峰, 赵志耘, 许治. 区域创新能力与经济收敛实证研究 [J]. 中国软科学, 2015, (1): 88-95.

[185] Rodríguez-Pose A. Economists as geographers and geographers as something else: on the changing conception of distance in geography and economics [J]. Journal of Economic Geography, 2010, 11 (2): 1-34.

[186] Kelejian H H, Prucha I R. A Generalized Spatial Two-Stage Least Squares Procedure for estimating a Spatial Autoregressive Model with autoregressive disturbances [J]. The Journal of Real Estate Finance and Economics, 1998, 17 (1): 99-121.

[187] Aschauer D A. Is public expenditure productive? [J]. Journal of Monetary Economics, 1988, 23 (2): 177-200.

[188] Tao Z, Hengfu Z. The growth impact of intersectoral and intergovernmental allocation of public expenditure: With applications to China and India [J]. China Economic Review, 2001, 12 (1): 58-81.

[189] Narayan P K, Nielsen I, Smyth R. Panel data, cointegration, causality and Wagner's law: Empirical evidence from Chinese provinces [J]. China Economic Review, 2008, 19 (2): 297-307.

[190] Sacchi A, Salotti S. A Comprehensive Analysis of Expenditure Decentralization and of the Composition of Local Public Spending [J]. Regional Studies, 2016, 50 (1): 93-109.

[191] Boarnet M G. Spillovers and the Locational Effects of Public Infrastructure [J]. Journal of Regional Science, 1998, 38 (3): 381-400.

[192] 张光南, 洪国志, 陈广汉. 基础设施、空间溢出与制造业成本效应 [J]. 经济学 (季刊), 2013, 13 (4): 285-304.

[193] 吴洪鹏, 刘璐. 挤出还是挤入: 公共投资对民间投资的影响 [J]. 世界经济, 2007, (2): 13-22.

[194] 刘忠敏, 马树才, 陈素琼. 我国政府支出和公共投资对私人投资的效应分析 [J]. 经济问题, 2009, (3): 10-14.

[195] 陈时兴. 政府投资对民间投资挤入与挤出效应的实证研究——基于 1980-2010 年的中国数据 [J]. 中国软科学, 2012, (10): 169-176.

[196] Alberto B, Chiara D B. On the Interaction Between Public and Private Capital in Economic Growth [J]. Journal of Economics, 2012, 106 (2): 133 – 152.

[197] 刘卓珺, 于长革. 公共投资的经济效应及其最优规模分析 [J]. 经济科学, 2006, (1): 30 – 41.

[198] 沙治慧. 公共投资与经济发展的区域协调性研究 [J]. 经济学动态, 2012, (5): 66 – 69.

[199] 杨飞虎. 促进中国经济长期持续均衡增长中的公共投资因素——基于1489份调查问卷的统计分析 [J]. 经济理论与经济管理, 2014, (2): 59 – 69.

[200] Kehoe T J, Levine D K, Romer P M. On Characterizing Equilibria of Economies with Externalities and Taxes as Solutions to Optimization Problems [J]. Economic Theory, 1992, 2 (1): 43 – 68.

[201] Barro R J. Government Spending in a Simple Endogenous Growth Model [J]. Journal of Political Economy, 1990, 98 (5): 103 – 126.

[202] Fisher W H, Turnovsky S J. Public Investment, Congestion, and Private Capital Accumulation [J]. The Economic Journal, 1998, 108 (447): 399 – 413.

[203] Marrero G A, Novales A. Income taxes, public investment and welfare in a growing economy [J]. Journal of Economic Dynamics & Control, 2007, 31 (10): 3348 – 3369.

[204] 白重恩, 钱震杰, 武康平. 中国工业部门要素分配份额决定因素研究 [J]. 经济研究, 2008, (8): 16 – 28.

[205] 陈晓玲, 连玉君. 资本—劳动替代弹性与地区经济增长——德拉格兰德维尔假说的检验 [J]. 经济学 (季刊), 2013, (1): 93 – 118.

[206] 杨汝岱. 中国制造业企业全要素生产率研究 [J]. 经济研究, 2015, (2): 61 – 74.

[207] 蒋为, 黄玖立. 国际生产分割、要素禀赋与劳动收入份额: 理论与经验研究 [J]. 世界经济, 2014, (5): 28 – 50.

[208] 严成樑, 崔小勇. 资本投入、经济增长与地区差距 [J]. 经济科学, 2012, (2): 21 – 33.

[209] 饶晓辉, 刘方. 政府生产性支出与中国的实际经济波动 [J]. 经济研究, 2014, (11): 17 – 30.

[210] 顾六宝, 肖红叶. 中国消费跨期替代弹性的两种统计估算方法 [J]. 统计研究, 2004, (9): 8 – 11.

[211] Mendoza E G, Razin A, Tesar L L. Effective Tax Rates in Macroeconom-

参 考 文 献

ics: Cross Country Estimates of Tax Rates on Factor Income and Consumption [J]. Journal of Monetary Economics, 1994, 34 (3): 297 - 323.

[212] 刘溶沧, 马拴友. 论税收与经济增长——对中国劳动、资本和消费征税的效应分析 [J]. 中国社会科学, 2002, 1 (1): 67 - 76.

[213] 王蓓, 崔治文. 有效税率、投资与经济增长: 来自中国数据的经验实证 [J]. 管理评论, 2012, 24 (7): 3 - 12.

[214] 梁红梅, 张卫峰. 中国消费、劳动和资本收入有效税率估算研究 [J]. 中央财经大学学报, 2014, 12 (12): 3 - 12.

[215] 吕冰洋, 陈志刚. 中国省际资本、劳动和消费平均税率测算 [J]. 财贸经济, 2015, 7 (7): 44 - 58.